U0087838

舞出新世界

瑪莎‧葛蘭姆

張燕淳 著

三民書局

打開每個人心中的「想像盒」

七十多年前，法國著名作家「安東尼‧聖修伯里」寫過一本廣受歡迎並流傳至今的童話——《小王子》。書中那個好奇又好問的小男孩來自外星球，他純淨的心靈和真摯的感情，一直陪伴著我們地球上一代又一代人的成長。

作家聖修伯里曾經為小王子畫過一個可以讓綿羊居住的盒子。而作家自己也擁有一個珍寶盒，裡面收藏著老照片、舊信件和許多小玩意兒，他常常去翻弄這個盒子，想從中尋找創作的泉源。

三民書局的出版團隊也有這麼一個盛滿「想像」的大盒子，裡面匯集了編輯們經年累月的經驗、心得，以及來自作者、插畫家等的好主意和新點子。多年來，這個團隊不斷為小讀者們出版優秀的人物傳記、勵志叢書等。董事長劉振強先生認為這是出版人的使命，一個好傳統一定要延續下去，讓小讀者永遠有好書可讀，而且每一套書都要精益求精，各具特色。

因此，當我們開始構思下一套新書的方向，如何能夠既延續傳統，又能注入不同的角度和活力，呈現出一番新的面貌，便成為我們的首要考量。

編輯團隊圍坐在一起，慎重的打開我們的「想像盒」，希望從盒裡累積的智慧中汲取靈感。盒內的珍寶攤滿了桌面，眼前立即出現許多引導性的話語，大家一面仔細挑選，一面漸漸理出一個脈絡。

「書寫近代人物，更貼近小讀者的心靈。」

「介紹西方人物，增強小讀者對全球人物的興趣。」

「撰寫某個行業或某個領域中最有代表性的人物，他們的成就

對後世有重大影響，對小讀者有正面啟發作用。」

「多用說故事的方式寫作，以增加趣味性。」

「想像盒」就這樣奇妙的為我們搭起了一個框架，編輯團隊在這個架構中找到了方向，大家興奮的為新叢書定名為「近代領航人物」系列，並決定先從介紹西方人物入手。

框架既已穩固，該添進內容了。如何選取符合條件的撰寫對象，是編輯團隊的再次挑戰。我們又打開了「想像盒」……

「叮」的一聲，盒內跳出一個 "THINK" 的牌子，大家眼前一亮，「那不是 IBM 公司創始人湯姆士・華生的座右銘嗎？意思是要我們海闊天空的去想像，才能產生創意啊！」於是，話匣子打開了。

有人說：「我們每個人手裡都拿著手機，不需要長長的電話線連接，就能無遠弗屆的與人聯繫，但對有『無線電之父──馬可尼』之稱的這個聰明人，我們知道的並不多。」

有人說：「啊！有了，我們何不請最喜歡開飛機的聖修伯里帶大家到義大利去拜訪馬可尼呢？」

有人說：「馬可尼不是已經拍來電報，為我們安排好去巴黎看可可・香奈兒的時裝展示會了嗎？還要去倫敦聽約翰・藍儂的搖滾音樂演唱會哩！」

有人說：「我對時裝展示會沒有太大興趣，但是既然去了巴黎，我倒是很想去看看大文豪雨果筆下的聖母院，也許會碰見那個神祕的鐘樓怪人！」

有人說：「我希望去倫敦時，能走訪唐寧街十號，一睹英國第一位女首相，鐵娘子柴契爾夫人的丰采。」她輕輕咳嗽了一聲，接著說：「我的肺炎剛痊癒，是用了抗生素才治好的。聽說抗生素是英國

細菌學家弗萊明發現的，我也想順便彎去他在倫敦的實驗室參觀一下。」

有人附議：「那太好了，我可以在路邊書報攤買本英國大經濟學家凱因斯主編的《經濟期刊》來一讀。」

有人舉起手來，激動的說：「我原是個害羞沉默的人，自從去上了卡內基的人際關係課程後，才學到怎麼樣表達自己。我想說出我的心願，那就是去美國華盛頓的林肯紀念碑前，聆聽人權鬥士馬丁·路德·金恩博士精彩動人的演講〈我有一個夢想〉。再去附近的國會山莊，參加約翰·甘迺迪的就職典禮，聽他充滿領袖魅力的經典名言，『不要問國家能為你做些什麼，要問你能為國家做些什麼。』」

有人跟著說：「我是環保和人道主義的支持者。既然我們到了美國，我想去緬因州，到環保使者瑞秋·卡森收集海洋生物標本的海邊去走一走。也想去紐約的聯合國兒童基金會總部拜訪兒童親善大使奧黛麗·赫本。這兩位心靈和外表都美麗的女士，一直是我最崇敬的偶像。」

看到大家點頭同意，他急忙追加：「啊，如果還能去洋基球場觀看棒球巨星貝比·魯斯在球場啟用那天轟出的第一支全壘打，那我就太滿足了……」

編輯們彼此會心一笑，這是討論時常有的現象，抱著「想像盒」，天南地北，穿越時空。我們總嘗試以開放的思路，為「傳記」類型的叢書增添更多的新意。

這時一陣歡笑聲響起，原來是美國物理學家費曼為慶祝自己得到諾貝爾獎而開的派對。賓客中有許多知名之士，第一位登陸月球的太空人阿姆斯壯也在其中。聽說費曼正在調查挑戰者號太空梭故

障的原因，阿姆斯壯是他最好的太空顧問！費曼是位科學家，但他興趣廣泛，音樂、舞蹈樣樣精通。只見他隨著熱情洋溢的森巴舞曲，一面打著鼓，一面與現代舞創始人瑪莎·葛蘭姆翩然起舞。

「別鬧了！費曼先生。」門口走進一位胖嘟嘟，面無表情的老頭，把大家嚇了一大跳！只見他拿起手上的擴音器說了一聲「卡」，啊啊，難道他就是那位驚悚片大導演希區考克？

他嚴肅的接著說：「受世人景仰的南非自由鬥士曼德拉先生剛剛辭世。請大家起立致敬。」

我們這趟「穿越之旅」中的二十位人物即將登場，希望他們的領航故事也能開啟小讀者心中的「想像盒」，將來或可成為另一個新領域中的領航人，傳承發揚人類的智慧和文明。

在此特別感謝為小讀者說故事的作者們，除了正文之外，他們都特別增寫了一篇數百字的「後記」，提綱挈領的道出各撰寫人物對世界的影響，提供小讀者更明確的閱讀指標。同樣也感謝繪製精彩畫面的插畫家們，為使圖文搭配相得益彰，不惜數易其稿。對編輯團隊能讓叢書順利的如期出版，我心存感激。對充滿使命感、長期為小讀者做出貢獻的三民書局，我致上最高的敬意。

對您，選擇讀這套叢書，我誠懇的說聲「謝謝」。有您的支持，讓我們有信心為小讀者打造更多優良讀物。

簡宛　2013 年歲末寫於臺北

作者的話

　　我是一個熱愛舞蹈的人。在大學二年級的暑假，我曾經上過雲門舞集為大專學生開的課。我想是在那裡，我第一次「遇到」瑪莎・葛蘭姆。

　　很幸運的，林懷民老師常常親自教課，雲門的第一代學生們，也輪流做我們的小老師。同學多是舞蹈系的學生，而我，沒受過什麼訓練，一下子進入這個陌生的「舞蹈國」，要用身體動作講他們流利的「舞蹈話」，心裡很緊張，手腳也更加笨拙。老師教的是一些我沒見過的動作，那是「瑪莎・葛蘭姆式動作」。

　　一切動作的源頭，就是生命的本能──「呼吸」。

　　「伸展」時吸氣，身體挺直，「縮腹」時吐氣，身體蜷曲。

　　我每天按時去上課，練習伸展和縮腹時「把脊椎慢慢的，一節一節的，貼到地板上，再慢慢的，一節一節的坐起來」。我漸漸會做動作，卻不明白其中道理。原來，老師教的「縮腹」，是凝聚身體的力量在下腹部。「伸展」，是把力量釋放出來，像電流流經四肢，流經指尖和趾尖，似乎可以傳到身體之外。

　　身體裡竟有這樣一股會生長的力量，用它來跳舞，不是耍花招擺樣子，而是真正有種生命力在裡面流竄。

　　日後，隨著生活和學舞經驗的增加，我慢慢能看出舞臺上舞者表演時，有沒有用到這個內在的力量，我也開始喜歡這位大師瑪莎・葛蘭姆，佩服她創造的這些動作，和動作後面的思想。

　　我心中常常感謝數十年前炎炎夏日中，能在林老師的教室裡得到啟蒙，學得一點葛蘭姆式動作，那綿綿不絕的內在生長力量，多年來成為我練舞時，甚至人生其他事情進行時的執著追求。（甚至在做身體檢查，醫生叫我呼吸時，我都恭敬的、完美的進行吐納。）

我繼續一點一點的認識「瑪莎・葛蘭姆」，經由舞蹈、文字、影像……越來越覺得她這個人，比她的舞還精采些。她驕傲、愛嫉妒、固執、跋扈、脾氣火爆，但她也很有趣，有人問她，可知道未來的舞蹈會變成什麼樣子？她沒好氣的說：如果知道，我早就跳了。

　　她該是個可以相處的人，否則那些音樂家、舞臺設計、燈光設計家們，無法和她維持幾十年的合作關係。然而她選擇完全投入藝術，一生孤獨生活、工作、追夢，永遠做世俗快樂以外的人。

　　她執著、不放棄，對於舞蹈，也對於生命。這一點最令我感動，並影響我，由大二那年的暑假至今。

　　我誠心誠意，向瑪莎・葛蘭姆敬禮。

張燕淳

　　從小愛舞。幼時學過兩年芭蕾和民族舞，讀師大美術系時開始學現代舞。曾以繪畫、舞蹈專長，參加「青訪團」出國表演，最愛舞臺上、燈光下的跳舞經驗。

　　大學畢業後，得到「海上大學」獎學金，乘船遊學世界一周，到各地去學傳統藝術和舞蹈。在美國羅德島藝術學院取得藝術碩士後，去紐約服裝技術學院學習和教授首飾設計。著有《世界珠寶設計名店》、《日本四季》。現居舊金山，仍在努力學舞。

舞出新世界
瑪莎‧葛蘭姆

目次

	前　言	002
01	舞	009
02	背　景	022
03	偶　像	038
04	舞　臺	054

05　創　作　069

06　受　傷　086

07　傳　承　105

後　記　121

CONTENT

瑪莎・葛蘭姆

1894～1991

Martha Graham

　　有位小姑娘出生在昆明，一個處處有雲南原住民音樂舞蹈，影響她一生愛樂愛舞的地方。

　　後來隨家人搬到香港，她在英國皇家芭蕾舞蹈學院學芭蕾，又和名師學國劇中的身段，過著香港式「中西文化合璧」的生活。

　　十五歲去美國，順著父親對她的期望學醫，也找「瑪莎・葛蘭姆」學現代舞。沒想到後來卻棄醫學舞。她覺得對她來說，學醫或者學舞的區別並不大，因為兩者都在關心人類的身體，或許有時候，舞蹈更能深入探討醫學儀器無法測量清楚的身心領域。

　　她的名字叫「王仁璐」，1968 年旅行經過臺灣時，在俞大綱先生的鼓勵下開設現代舞講座，

又在西門町附近的中山堂舉辦臺灣第一場現代舞展，表演她自己編排的現代舞《白娘子》。她是最早將瑪莎・葛蘭姆風格介紹給臺灣的舞蹈家，影響了許多投身舞蹈藝術的年輕人。

她一直牢記著恩師瑪莎・葛蘭姆對她的叮囑：「不要模仿我！要傾聽妳自己祖先的腳步聲。」所以她創作出國劇和現代舞融合的《白娘子》。她研究雲南原住民的樂舞；她去日本、韓國等地，尋找流失的唐代雅樂；她考察早年在美洲開山、築橋、建鐵路的華人血淚故事，編出大型舞劇《金山》，感動了不分國籍的觀眾，那成就不只是舞蹈的，更是民族的、歷史的。

她把自己多年來收藏的寶貴舞蹈戲劇資料，捐贈給國內學校，笑著說自己要做個好祖先，留下清晰的腳步聲。

● ☆ ● ☆ ● ☆ ●

有位生於臺灣士紳家庭的少年，五歲時看了電影《紅菱豔》後，就喜歡模仿電影中的芭蕾舞

蹈動作，不斷地跳舞給家人看。

沒多久，他家客廳裡的拖鞋全壞

了，因為都被他拿來當舞鞋

跳芭蕾舞。後來，媽媽親手替

兒子做了一雙白色舞鞋，那是他的第一雙舞鞋。

　　少年除了愛跳舞，也熱愛寫文章。十四歲時

已在報上發表小說，還用稿費去上了生平第一

次，為期兩個月的舞蹈課。讀大學時，他已成了

名作家，卻仍積極的找機會學舞和看舞蹈表演，

但往後究竟應該習文還是習「舞」呢？他非常苦

惱，不能確定。後來因為看了舞蹈家王仁璐介紹

「瑪莎・葛蘭姆」技巧，及現代舞發表會，他開

始對瑪莎・葛蘭姆的編舞想法感興趣。大學畢業

後去美國留學，一面讀書，一面正式的在瑪莎・葛

蘭姆以及摩斯・康寧漢舞蹈學校中，學習現代舞。

　　作家，漸漸的蛻變成舞蹈家。他的名字叫「林

懷民」。

　　1973 年回到家鄉，林懷民克服許多困難，創

辦了臺灣第一個專業舞團「雲門舞集」。他希望能
成為編舞家，用華人寫的音樂編舞，由華人舞者
跳給華人觀眾看。雲門的演出，不論是在臺北的
大劇院舞臺，或在南部鄉鎮的曠野，都造成轟動，
阿公阿嬤小弟小妹都豎起大拇指說讚！雲門也經
常出國公演，獲得國際間無數好評。

　　雲門，給臺灣舞蹈一個活潑的新生命，也讓
這塊土地上的，不論跳舞或不跳舞的人，都感到
驕傲。

●　☆　●　★　●　☆　●

　　有位純樸的女孩在宜蘭鄉下長大，小時候學
校功課不大好，據說爸爸曾經很擔心她的前途。
但是她愛跳舞，在蘭陽舞蹈團學民族舞蹈，筷子
舞、鐵扇舞……跳得一級棒，每次成功的表演和
比賽都增加她對自己的信心，她相信只要努力，
舞蹈會給她一個美好的未來。

　　但是在十六歲去臺北升學之前，她對舞團以
外的舞蹈世界一無所知，沒有受過芭蕾訓練，國

立藝專入學考試時，聽不懂老師說的舞蹈術語，滿分十五分的芭蕾項目只得了三分，但她仍然「願意用生命的全部來愛舞蹈」，她不放棄，學習並且苦練，不斷的苦練，不斷的進步。

　　1995 年，宜蘭女孩從全世界二百名頂尖舞者中脫穎而出，考上了紐約「瑪莎‧葛蘭姆舞團」。並且在短短四年裡，由最基層的實習舞者，逐步升至該團的首席舞星，這是多麼不容易的事，名導演李安特別去看她的表演，美國的舞蹈雜誌以她為封面，公共電視 PBS 採訪她，許多媒體稱她是「葛蘭姆的傳人」，是世界舞臺上閃亮的明星。她的名字叫「許芳宜」。

　　她說：「多痛，火花就有多燦爛！」閃亮的後面，是一個個辛苦練舞、身心孤獨在異鄉奮鬥的故事。如今終於有了收穫，她開始用自己的經歷來鼓勵大家，在電影《逆光飛翔》中飾演舞蹈老師，用她美麗的舞姿、健康的態度來介紹舞蹈，用「追求夢想、努力實踐」的正面思想，來影響

我們的社會。

王仁璐、林懷民、許芳宜，另外，還有舞藝傑出的游好彥、陳學同……

他們成功的舞蹈人生裡，都有瑪莎・葛蘭姆這個名字。

明明是一個外國名字，為什麼能影響黃皮膚黑頭髮的華人舞蹈家？

再透過這些舞蹈家的舞，間接影響作為觀眾的我們？

瑪莎・葛蘭姆是誰？

她是怎麼樣的一個人？又做了些什麼事？

為什麼她能有這樣的影響力？

● ✿ ● ✪ ● ✪ ●

瑪莎・葛蘭姆自傳中的第一句話，是用放大的字體寫的：

我是一名舞者。

舞蹈的由來

你喜歡跳舞嗎？

有人很快就回答：「喜歡，我是學校熱舞社的！」還會忍不住當場轉個麥可‧傑克森式的圈子跳了起來。

也有人說：「我小時候學過芭蕾。」

「我喜歡跳民族舞蹈。」

「我正要去參加國標舞比賽。」

但是有更多更多的人，只會笑笑靦腆的說：「我不會跳舞。」

其實，每個人都會跳舞。

手舞足蹈是人的本能。

你看過年紀很小的小孩非常開心的時候，跳上跳下還扭著小屁股的樣子嗎？

他們太小，還沒學會隱藏自己的感覺，人類最早大概也是這樣，不需要用腦子想，身體就會自動反應。不高興就哭，高興就笑，情緒更激動的時候，會大叫、會跳來跳去，叫得好聽就變成歌，跳得好看就變成舞。

用自己的身體，表達心裡的感受，是人類最自然的反應。

但是，這種單純反映內心感覺的原始舞蹈，

隨著人類歷史演進，又加上了各種功用：男女談情說愛、婚禮喜宴時跳舞；農夫在大旱時候求神降雨，或為豐收謝天時跳舞；獵人狩獵之前壯膽、戰士出征前提高士氣時跳舞；宮廷宴樂、城市慶典時跳舞……歷史上，不論在世界各地，做許多事都少不了跳舞，本來很單純的手舞足蹈，就漸漸發展出許多不同的種類、派別來。

想了解「現代舞」先得認識「芭蕾」

那麼，什麼是「現代舞」？

要回答這個問題，讓我們先想像舞蹈的歷史是一條長線，「現代舞」只是其中的一小段，由19世紀末到現在，發展不過一百五十年，而在它之前的「芭蕾」，自文藝復興時期就存在了，歷史比現代舞久遠得多。

所以，當有人問：能代表西方舞蹈的是哪一種舞？

　　一般人大概都會說：芭蕾！同時腦中立刻浮現跳芭蕾的女孩，穿著蓬蓬的紗裙，腳上高踮著硬頭芭蕾舞鞋。

　　其實最早的芭蕾，既沒蓬裙，也沒硬頭鞋。 它本來是義大利鄉間的民俗舞，名叫 Balletto。閒暇時鄉民們在村子的廣場上，一起跳著玩，有些人跳得特別好，就以此謀生，成為藝人。

　　到 15、16 世紀時，義大利的佛羅倫斯和米蘭地區，貴族們為了炫耀財富，常會出錢供養一些舞蹈藝人 ， 在宮中帶頭跳舞娛樂賓客。後來義大利和法國兩個王室通婚，芭蕾舞被義大利公主像嫁妝一樣的帶到了法國，宮廷裡的王公貴族都愛學習，還搶著上場表演，於是「宮廷芭蕾」變成上層社會熱門的活動*，日子一久，漸漸又流行回民間，大眾化起來。

　　18、19 世紀，工業革命和戰爭推動了世界文明進步，卻也帶給人們不少苦難。許多文學家不

滿現實生活，寫文章創造和歌頌神仙虛幻世界。這種文學上的「浪漫主義」，影響了各種藝術。編舞家也開始以仙女精靈和人類之間的愛情故事來編舞，內容有些像中國的《聊齋》。女舞者跳舞時，頭、頸、背、手都是柔軟的彎垂著，特別擺出一付嬌弱的樣子，像《紅樓夢》中的林黛玉一樣，令人愛憐。

為了製造仙女在臺上翩翩飛舞的特殊效果，除了用繩子把舞者吊高外，有一位編舞家「泰戈里歐尼」又做了許多實驗，創造出硬頭芭蕾舞鞋，第一位穿硬鞋的就是他的女兒「瑪麗」，這鞋將她腳部接觸地板的面積，縮到最小，完全踮起腳跳

舞蹈樂園

＊法王路易十四，這位在小說《鐵面人》中提到的霸權君主，竟然是一個熱愛跳芭蕾舞的人。他十三歲就登臺演出，擔任過許多部芭蕾劇的主角，後來因為發胖，不再上臺表演，卻積極培養芭蕾人才。1661 年在羅浮宮中，他選了十幾位芭蕾教師，開辦世界第一所皇家芭蕾舞學校，規定了至今仍然沿用的芭蕾術語，和許多基本的手腳位置、舞步，使「芭蕾」由戲劇的一部分，漸漸成為一門獨立的藝術。

舞，輕盈好看，再穿上白色的半長紗裙，舞動時飄飄然，真像仙子降臨人間。

舞者如仙女般迷人，加上充滿生離死別的劇本好看，觀眾們一窩蜂的喜歡上「浪漫芭蕾」。而芭蕾舞者，就像今日演藝圈的偶像一樣受歡迎，觀眾搶著模仿她們的打扮，巴黎吹著一股浪漫風，直到19世紀下半期，人們看膩了這種純純的、空靈的愛，浪漫芭蕾才漸漸沒落。

芭蕾舞，起源於義大利，在法國受重視，卻是到了俄國才登上藝術顛峰。

俄國的「凱薩琳大帝」，非常重視藝術發展，她成立了皇家舞蹈學校，聘請法國編舞家「裴第巴」來教學。裴第巴在俄國待了將近六十年，據說他終生不用俄語，只以法語教課，因此法文的芭蕾術語，成為世界芭蕾的通用語言。

裴第巴最會編大型芭蕾舞劇，他常請音樂家「柴可夫斯基」譜曲，用大交響樂團作現場演奏，華麗的服裝和布景，將芭蕾舞襯托得更壯觀。其

中《睡美人》、《胡桃鉗》和《天鵝湖》三大舞劇最出名，到現在仍在世界各地不停的演出著。

舞蹈史上稱裴第巴的芭蕾為「古典芭蕾」，請注意，不是因為它的年代較古早，而是它的特色是古典的、皇家的、絢爛的。

但是進入 20 世紀後，世界政治情況大有改變，人們都希望廢去專制王權、改行民主，裴第巴的華麗作品，與宮廷的奢侈、腐敗印象相連，正是該被推翻的對象，不再受人歡迎，舞蹈家們於是開始探索新的方向。這就是現代舞誕生之前的社會背景。

現代舞不是「現代」流行的舞

現代舞，是由英文 Modern Dance 翻譯過來的。這一個名詞，最早出現於美國舞評家「約翰‧馬丁」所寫的《現代舞》這本書。「他的『現代』是指他

所處的那個年代」，是建築界有「包浩斯」，藝術界有「畢卡索」，音樂界有「史特拉文斯基」等人的 1920、1930 年代。所以大家要特別注意，「現代舞」不等於「現代的舞」或「現在的舞」喔。

　　話說 19 世紀末到 20 世紀初 ，新思潮四起，各種藝術都在追求改變，舞蹈也一樣，尤其在原來缺少芭蕾文化的美國和德國兩處，有許多舞者，不約而同的找著新路子，他們脫下約束身體的芭蕾舞衣舞鞋，不再遵守古典芭蕾的嚴格規矩，管

舞蹈樂園

＊在 19 世紀末到 20 世紀初間，有一位法國的音樂戲劇老師「戴沙特」，他教歌劇演員表演時，要用身體動作去傳達感情，譬如學習驚嚇、高興或痛苦時，手、腳、肩、頭分別會產生什麼反應？會做出什麼動作？

　　戴沙特認為頭部代表理智，身軀和雙臂代表情感，下肢代表欲望。他在仔細觀察人們日常的姿勢，歸納出一套動作，教表演者反覆練習。

　　另外還有一位在瑞士的音樂老師「達克羅茲」，他強調音樂是一種「動」的藝術。音樂離不開律動。所以他要學生假想自己的身體是一個樂器，聽了音樂後，用即興的身體動作來表現它。

　　這兩位音樂家的理論，對早期的現代舞者如拉邦、鄧肯、葛蘭姆等都有很大的影響，幫助他們認識自己的身體，練出好的節奏感與和諧感。

他什麼王子公主、天鵝仙女呢，他們只想跳與日常生活相關，讓身體自由表達心中感受的新舞。於是美國、德國便成為「現代舞」的發源地。

德國現代舞的源頭，是一位舞蹈家兼教育家，名為「拉邦」。

拉邦創出許多新的舞蹈理論卻仍不滿足，他常常思考：學生學音樂，都有樂譜可看，樂譜還可以保存下來，讓人們在千百年後仍然能演奏同一首曲子。舞蹈，是否也可以這樣做呢？

他努力研究，終於將舞蹈動作用簡單的幾何圖形和符號，編成圖譜，能記錄任何舞蹈過程，人稱「拉邦舞譜」，對後世舞蹈界有極大的貢獻。

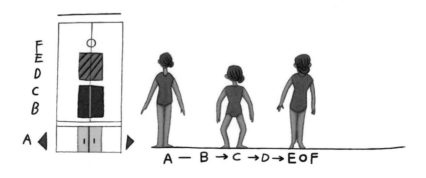

拉邦的學生們，甚至第二、三代學生，在歐洲現代舞史上，都占著重要的地位。

在美國方面，現代舞的開創者，是三位女性：「洛伊・富勒」、「伊莎朵拉・鄧肯」和「露絲・聖丹尼斯」。洛伊・富勒研究燈光、布景道具、服裝等舞臺上的烘托技術，使舞蹈表演看起來更精采。伊莎朵拉・鄧肯反對傳統芭蕾，強調舞蹈的跳法、服裝等，都該自由開放，以表達內心真正的感覺為目的。富勒和鄧肯都長期在歐洲發展，而聖丹尼斯，除了在美國各地表演外，還創辦舞蹈學校，造就許多人才，影響比較深遠。

露絲・聖丹尼斯是一個長得特別美麗，又有舞蹈天分的紐澤西州女孩。

她學過一點芭蕾和戲劇，少女時候就在紐約的小戲院裡表演跳舞，她對於世界其他文化中的民族舞很有興趣，自從學過印度、埃及、中國、日本、西班牙等地方舞後，她就開始編跳充滿異國情調的舞蹈。

「啊—她到底是哪一國人？真是美啊！」

「你看她穿的白袍，一定是埃及來的！」

「不像不像，你看她戴那麼多串漂亮的項鍊，是印度吧！」

一群人擠在戲院前看海報，七嘴八舌，討論不休。在20世紀初，出國旅行不像今天這麼方便，美國人受了當時歐洲「殖民地」思想的影響，對遙不可及又神祕古老的文化都很著迷。加上聖丹尼斯是位天生的明星，只要站上舞臺，她的舉手投足，就自然美麗，光芒四射。聖丹尼斯不像鄧肯那樣，一心要革命創新，她的舞充滿柔性美，卻更有征服觀眾的力量。她穿著東方風味服裝跳舞的海報，在許多城市裡張貼著，經常未開演就先轟動！

有一位名叫「泰德‧翔」的年輕男子，小時候曾因為生病使得身體麻痺，醫生建議以跳舞代替物理治療，他就漸漸愛上了舞蹈。他看了一場聖丹尼斯的表演後，立刻上門找她學舞，兩人先

做舞伴，後來感情好，結為夫婦，再共同創辦了
「丹尼翔舞藝學校」。

　　聖丹尼斯認為，舞蹈不是隨便擺動手腳，而
是在追求身心靈和諧的狀態，所以丹尼翔舞藝學
校中，不只教舞蹈技巧，還教歷史、哲學、詩歌
文學、戲劇等課程，希望學生能培養豐富的藝術
內涵。學校也安排學生到各處表演，增加舞臺經
驗，好精通這門表演藝術。這所學校，培養出好
幾位現代舞蹈家，本書的主角「瑪莎‧葛蘭姆」
就是其中最出色的一位。

動作從來不說謊

　　小瑪莎探頭看了看空無一人的走廊後，就躡手躡腳走向父親的診療室。「千萬別被母親看見，母親最不喜歡我去打擾父親。」

　　其實，當父親不看診時，他非常歡迎瑪莎的出現，他總是笑咪咪的說：「來，瑪莎，進來，看看這個。」

　　有時候父親給她看一本新書——書架上成排成列的書，說明父親喜愛閱讀，他也喜歡「讀」書給女兒們聽，最常讀的是希臘神話，那許許多多關於神仙、英雄、自然和宇宙歷史的故事！每

次聽完，瑪莎都滿腦子奇妙幻想，夜裡她望著窗外，故事的主角們，就一個個閃耀在星空中。

有時候父親給瑪莎看一架新儀器——診療室的大檯子上，有各式各樣的儀器。平常父親看診時，大家都對他畢恭畢敬，稱他「葛蘭姆醫生」。但當他獨自在這房裡做醫學研究時，卻像小孩子玩玩具一樣，開心的來來去去操作這些儀器。當瑪莎長到比檯面高一點時，就開始站在旁邊看父親做研究，而父親，似乎也特別疼愛這個好奇的小跟班。

這一天，瑪莎走進診療室時，父親正在調整一個又長又圓，看起來很複雜的儀器，他拿了一小片玻璃，在上面滴了一滴水。

父親問：「瑪莎，妳看這是什麼？」

「水！」

「純水嗎？」

「我想是純水！」

父親將玻璃片放在儀器中間後說：「妳再看

一看。」瑪莎學父親把眼睛湊近圓孔一看，卻「哇」的大叫起來，因為那裡面竟有許多扭曲蠕動的蟲！

父親摟著瑪莎的肩膀安慰她，並說他正在用「顯微鏡」看水中的「微生物」。

「瑪莎，水是不純的。」

「妳看不見，但是水裡頭有很多小生命和雜物。妳一輩子都要記住：每件事都有真相，不管它是好是壞，或有什麼地方使妳感到不舒服，妳仍然要尋找真相！」

● ☆ ● ★ ● ☆ ●

瑪莎的父親「喬治‧葛蘭姆」，祖先自愛爾蘭移民到美國。在他出生時，家境已相當富裕。喬治相貌英俊，個性耿直，良好的教育把他培養成一個傑出的心理醫生。他在賓州匹茲堡附近的阿勒格尼小城買了一棟大房屋，樓下看診，樓上住

家，他和新婚妻子珍妮打算在這座房子裡生養許多小孩，並給孩子們一個溫暖的成長環境。

1894 年 5 月 11 日，葛蘭姆醫生整天都開心得不得了，因為他的第一個孩子瑪莎出生了！

女嬰粉紅色的小臉，在父親寬大的臂彎裡微微笑著，葛蘭姆醫生心裡想：「我一定要做個好父親，一定要做個好老師！一定要好好教導這個可愛的女兒！」

好老師需要有喜歡學習的學生配合，在這一點上，小瑪莎從未讓父親失望過。在診所中成長，小瑪莎對父親的病人們最為好奇，她愛偷偷溜進候診室裡，坐在病人之間東看西看，模仿他們異於常人的說話方式和動作，後來被父親發現了，強力制止，她才不敢再如此放肆無禮。

葛蘭姆醫生對病人們非常和善，有一次，他邀請一位十七歲的女病人來家裡吃飯，席間，這個女孩既不享受美食，也不加入談話，只是低著頭，弓著背，神情緊張的盯著自己的盤子。

　　小瑪莎忍了又忍，直到聚餐結束，賓客散去後，她才問父親：「那個女客人怎麼這樣奇怪啊？」

　　父親平靜的回答：「她病了，她的身體會代替她說話，我們每個人都是這樣，不用開口，身體就把自己的故事說出來。」

　　小瑪莎真的沒想過，身體還會說故事！

　　調皮膽大的瑪莎常常闖禍，但站在父親面前，即使父親和和氣氣的問她，她總是不坦白，不認錯。

　　「瑪莎，妳沒說真話！」

　　瑪莎仍倔強的站著不動。父親真的生氣了。

　　「瑪莎，看著我！妳知道嗎，當妳說謊的時候，因為緊張，妳的背會很僵硬，挺得直直的；妳的眼皮會垂下，不敢看我；妳的手會握緊拳頭，動都不動……這一切，妳以為我看不到嗎？瑪莎，妳可以用話騙人，但是妳的動作幫不了妳，動作從來不說謊。」

　　「動作從來不說謊」、「身體會自己說故事」、「尋找和面對真相」……幼年時許多父親的教導，影響了瑪莎‧葛蘭姆一生。

　　瑪莎曾說過，那些簡單卻意義深長的教訓，都是她最初的舞蹈課，教她一方面在跳舞時認清自己，誠實的用身體表達心情。另一方面，養成仔細觀察別人的習慣，從動作裡看出人們深藏心中的想法。

　　多年後當瑪莎成為老師，在挑選舞團團員時，她會請候選人一邊說話一邊邁開大步穿過練舞房，她仔細觀察，就可決定這名舞者是否為合適人選。有的人大呼：「太玄了！」但這不是什麼特異功能，而是瑪莎長期從父親那兒學來的一種觀察能力。

熱愛演戲的清教徒

　　瑪莎纖弱嬌小的母親「珍妮」，是早年搭乘五

月花號到美國的清教徒後裔。她遺傳給瑪莎的，除了明亮大眼、深棕色頭髮外，還有對女性身分的看法。母親非常美麗聰慧，穿著打扮也很時髦，父親既疼愛又倚靠母親，什麼事都與她商量，連看診時遇到疑難也和她討論。那時的社會裡，根本還沒有「女權」這回事，但瑪莎看到父母間的恩愛，和母親受到敬重的事實，使她一直相信「男女是平等的」。

曾住在瑪莎家的外婆，仍然守著清教徒的規矩，勤儉管家，做事一絲不苟。她教瑪莎熨燙手帕，燙完後，若上面有一絲絲皺紋，就得撿出來，丟入旁邊的一桶乾淨的水中，再撈出重燙，這樣不厭其煩追求完美的態度，也影響了日後的瑪莎。

瑪莎在學校非常用功，事事求最好，就拿學英文來說吧，她不找父母親幫她，完全靠自己勤快的查字典（瑪莎說過自己最喜愛的兩本書是《聖經》

和字典），小小年紀就記住許多生字，長又繞口的字也難不倒她，她會把新字分解到最基本的音節後再記憶，因此她對字根、字源特別清楚，學習透徹，成績也優異。

有趣的是，這個解字習慣，對瑪莎後來編舞很有幫助，她把一切想法、舞步都分解到最基本的單元，再一點一點組織起來，舞蹈就會像用磚一塊塊砌起的房子，紮紮實實。

除了父母親，家中還有一個人和瑪莎關係很親密，那就是娳姆「麗西」。愛爾蘭裔的麗西年幼時曾被一群野狗攻擊，幾乎喪命，是葛蘭姆醫生救活了她，因此她以報恩的心，來幫助葛蘭姆夫人照顧家和孩子，終生在葛蘭姆家度過。麗西的歌喉好，喜歡哼唱當時的流行歌曲，也經常到戲院看戲，再將戲中的故事說給瑪莎和妹妹們聽。

麗西的喜好，激發了三姐妹對表演的興趣，她們時常自己編導戲劇小品，煞有其事的邀請父母和小朋友們來觀賞。三姐妹盡情幻想、自由編

戲，房間裡經常傳出歡笑聲。

　　她們找出母親的舊衣、圍巾、廉價首飾做戲服，用被單、窗簾、厚紙板做布景。有一回演出《小紅帽》，瑪莎為求戲中的火焰效果逼真，竟劃了一根火柴丟進紙做的玩具壁爐裡，幸好麗西及早發現，才沒引起大火災，但瑪莎的父母已看出這個常帶頭闖禍的大女兒，有著為了追求完美不顧一切的個性。

　　另有一件事，倒是大家都沒想到：幼年時的許多服裝、道具設計和遊戲式的舞臺經驗，對瑪莎後來的舞蹈表演生涯，有極大的幫助。

　　不過，走出葛蘭姆家的溫馨大屋，四周的阿勒格尼城，又是另一個世界。

　　阿勒格尼，在瑪莎的印象裡，是一座灰色的城市。

　　女人們要出門時，都得戴上面紗才能抵擋空氣中濃濃的煤灰。瑪莎記得她小時候總是從面紗的無數小孔裡看外頭的世界，隱隱約約，神祕奇怪。

　　若穿白色衣服外出，回家時一定會變成灰黑色的，因為衣服上會滿布煤塵。這個與世界鋼都匹茲堡僅隔一條河的小工業城，因為空氣汙染太嚴重，到處都晦暗。

　　小城裡的人們，包括瑪莎母親的娘家，都是由英國移民來的清教徒後裔。孩子們平日上學，學校用嚴格的方式管教他們，週末去教會和主日學，教會又責備一切使人快樂的行為。嚴謹的教規使他們的生活既壓抑又鬱悶。

　　瑪莎在自傳中曾這麼寫著：故鄉的人們，都是極端保守的教徒，他們覺得

跳舞是一種罪惡，事實上，他們反對所有感官上的享受。我在那樣的環境中成長，逐漸害怕用肢體去表達心中的快樂。但是幸好，我們後來搬到了「聖塔芭芭拉」。

聖塔芭芭拉的陽光燦爛

葛蘭姆家的二女兒「瑪莉」，自幼有氣喘病，不適合住在空氣汙染嚴重的地方，加上在瑪莎十二歲時才誕生的小弟弟因病夭折，使一家人陷入哀慟中，姐妹們的歡笑聲也消失了。葛蘭姆夫婦最後決定換個環境，開始過新生活。

經過多次旅行探查後，他們選擇了位在加州的聖塔芭芭拉市。

1908 年，葛蘭姆一家，乘火車由東岸的賓州一路西行到加州。在這趟長途的火車旅行中，瑪莎常常驚嘆的望著車窗外，看那沒有盡頭的大草原，幻想自己向前奔跑。啊——我來了，多麼廣

大的世界，任我馳騁飛翔啊！

　　聖塔芭芭拉！聖塔芭芭拉！甚至只要唸出這個帶西班牙味的名字，都可感受到一股濃濃熱情。

　　在瑪莎的記憶裡，如果說阿勒格尼是陰暗，聖塔芭芭拉就是光明。

　　陽光燦爛的聖塔芭芭拉，山上有高大彎曲的橡樹，有肥壯的仙人掌。海邊有白浪拍打，許多海豚嬉游，瑪莎最喜歡看海豚忽然跳出水面，又快速彎身潛入水底。

　　一直呼吸著飄有海風和花香的空氣，任何人想做嚴肅的清教徒都不大容易。瑪莎曾在火車上看過一望無際的草原，現在則見識遼闊的大洋，她望著大洋，兩手張開全力向前跑，摔倒了，爬起來再向前跑⋯⋯

　　「陽光那麼亮，風景那麼美，我要拚命的吸收這一切！」

　　除了天氣、景觀與老家不同，瑪莎還注意到，在她的新家附近，居住著美洲印地安、日本、西

班牙、中國、南美各國的人們，他們的宗教信仰、風俗習慣大大不同，卻能融洽的在一起生活。

麗西帶著瑪莎去天主教教堂望彌撒。瑪莎看見教士們穿的華麗聖袍時，高興得嘴都閉不攏：「這些袍子真是太好看了！若是上臺表演時穿，觀眾一定都會讚美的！」

教堂門外，印地安人在廣場上慶祝著自己的宗教節日。

武士們歡喜的騎馬快奔，還向天鳴槍！在喧天的鼓聲和歌唱聲中，酋長戴著又大又長的鷹羽頭飾跳舞……瑪莎想起自己清教徒教堂中的拘謹，啊，多麼不一樣！印地安人是用最不拘謹的方式表達快樂！

瑪莎也愛唐人街上中國人穿的兩截唐裝、日本人長長的和服。成長後，她經常穿這類東方服裝。

在聖塔芭芭拉，瑪莎睜大眼睛觀察四面八方，她覺得萬事新奇，一切都成了後來她編舞的題材和戲服的範本。

另外，住聖塔芭芭拉還有一個好處，這裡靠近好萊塢電影城和許多表演藝術中心。瑪莎覺得，這個新環境讓她的人生轉了個方向，變得非常有趣。

瑪莎十四歲進入聖塔芭芭拉高中就讀。母親希望她能做個舉止優雅、乖巧聽話的小淑女，但瑪莎太聰明又好動，凡事都有自己的見解，一旦下定決心就會全力以赴。

瑪莎日後回憶說：「我喜歡打籃球，因為我太好動了，我沒有學過跳舞，打籃球就成了我舞動身體的方式。」很快的，她被選為女子籃球隊隊長，同學們天天都談論著她在球場上穿梭傳球的英姿。但瑪莎不只會跑會跳，她的文筆也相當好，除了擔任校刊主編，還寫話劇劇本，她的英文老師後來曾透露，當第一次被瑪莎邀請去看她的舞蹈公演時，自己連連惋惜，忍不住對身旁的人說：「哎呀，美國文學界要失去一位好作家了！」

在新家聖塔芭芭拉，瑪莎·葛蘭姆，像一朵鮮花逐漸綻放。

海報中的神秘東方美人

　　1911 年某一天，瑪莎和父母親在聖塔芭芭拉的鬧區逛街，走著走著，瑪莎被一張海報所吸引，停下來仔細看：

　　「露絲·聖丹尼斯　舞蹈表演」——海報上是一個很美的女人，有一頭少見的白色長髮。她穿著東方式樣的絲綢服裝，頭上、手上戴了許多飾物，但即使服裝和珠寶華麗眩目，最吸引瑪莎的，卻是她臉上的自信光采。

　　露絲·聖丹尼斯，是美國當時已頗有名氣的一位舞蹈家，她正在加州巡迴演出，下一站將到

洛杉磯。

　　瑪莎望著海報入神：這個女人太好看了！她的珠寶、絲袍、姿勢、笑容……活像個來自東方神話裡的女人。瑪莎真想去看這位「露絲小姐」的表演，事實上，瑪莎更希望自己也能像她一樣，美麗的站在舞臺上發光。

　　瑪莎興奮的追向已走往海灘的父母親，她把他們拉回去看那張海報，並且央求父親：「爸爸，我真的太想去看這個表演了！拜託你，求求你，求求你，帶我去吧！」

　　洛杉磯離家有點距離，去一趟也不容易，但父親看出瑪莎心裡急切的渴望，他想了一下，竟然答應了。

　　終於到了看表演的日子，父親帶著瑪莎，乘坐沿著加州海岸南行的渡輪，一路經過許多小市鎮才抵達洛杉磯。因為是少女瑪莎第一次參加這樣正式的活動，父親為她買了一件新衣，佩上紫羅蘭胸花，把她打扮得漂漂亮亮，像個小公主，

挽著父親的手走進劇場。

　　節目開始，燈光漸暗，劇院裡由嘈雜變安靜，瑪莎屏息等待。

　　一束燈光聚在臺上，細柔的音樂迎出一位印度美女，瑪莎覺得自己的心都快要跳出來了——那就是露絲‧聖丹尼斯啊！

　　聖丹尼斯光著腳，穿著印度式的輕紗舞衣，樣子是那麼迷人，她跳舞時身體又是那麼柔軟，讓瑪莎看得目不轉睛，好像自己也在臺上，在神

祕的氣氛中，與印度美女共舞。那一刻，十七歲
的瑪莎，找到了她這一輩子想要做的事——跳舞！

　　瑪莎向來覺得有一股強烈的力量，推著她向
前追求，但前方是哪裡？目標又是什麼？自己也
摸不清，可是現在她知道了，她要像露絲小姐一
樣，做個舞者，前方是舞臺，目標是表演舞蹈！

　　瑪莎在回憶錄中寫著：那一晚，我的命運被
決定了。＊

＊有趣的巧合是，露絲‧聖丹尼斯舞蹈生涯的轉捩點，也是因為看到了一
張海報！

　　有一年聖丹尼斯隨一個表演團體去歐洲，正巧碰上巴黎的世界博覽會，
在那兒她看到許多表演，還有名日本女演員川上貞奴的日本歌舞，新奇
的內容帶給她很大的震撼，回到美國後，她仍不斷的思考：該如何突破
自己的舞蹈表演？

　　某日在一家小冰淇淋店吃冰，聖丹尼斯看到一張香菸廣告海報，畫的
是埃及神殿中的女神。聖丹尼斯心裡忽然一亮！海報上的異國神祕情調，
很有吸引力，她非常想把這種神祕感放進舞蹈裡，於是她開始研究世界
各個古老文化，把所學編成新舞。後來，「異國風味」就成為聖丹尼斯舞
蹈的特色。

看完聖丹尼斯的表演後，瑪莎整個人都變了。

原本像男孩子一樣勇猛打球的女籃隊隊長，因為怕傷了將來要練舞的腳，決定不打球了，改參加學校的戲劇社和辯論社，又努力練鋼琴，暗暗的為上臺表演做準備。

在那個時代，跳舞，是不被社會尊重的行業，觀眾們即使喜歡看表演，也看不起演員，尤其是女演員。在小劇院裡穿著性感舞衣蹦蹦跳跳，又需要到各地拋頭露面表演，絕對不是一個正當職業。葛蘭姆家又是最虔誠保守的清教徒，親友們會怎麼看待愛跳舞的瑪莎呢？

但是瑪莎心志堅定，不在乎別人的看法，好在父母親雖不鼓勵，也沒有阻止她追夢，高中畢業後，她選擇了一所戲劇學校就讀，她心想：戲劇，離表演跳舞的路應該不遠了吧？

然而，瑪莎進入戲劇學校後的第二年，父親去世了。

驟然間，瑪莎失去了生命中最好的老師和倚

靠，家中也失去經濟支柱。

　　瑪莎只是個學生，無力照顧家，她忍著悲傷回學校。

　　「我只能更努力的學習。再難，也要一步步走向登臺表演的目標，我知道父親也會要我這麼做的。」

在樂園中學跳舞

　　1915 年，露絲・聖丹尼斯和泰德・翔*夫婦創立了丹尼翔舞藝學校。

　　瑪莎知道這個消息時高興得不得了，她努力

舞蹈樂園

*「泰德・翔」原是一名修習神學的大學生，預備將來做一名傳教士。和瑪莎一樣，因為看了聖丹尼斯的表演，才決定投身舞蹈界。用他自己的話來形容：「我跳出了教堂，直接跳上舞臺。」

　　泰德・翔考進聖丹尼斯舞團，成為聖丹尼斯的舞伴，後來更與聖丹尼斯結為夫婦。他有跳舞編舞的才華，也擅長經營事業，因為有他的構想和協助，才有丹尼翔舞藝學校誕生。

說服母親，總算在隔年順利入學，這時距離她看到那張聖丹尼斯的海報，已足足過了五年。

丹尼翔舞藝學校位在洛杉磯的一個小山丘上，是一座西班牙式的莊園，裡面有大片青草地，供人翻滾跑跳。綠蔭下，有游著鯉魚、長著荷花的池塘，花園裡甚至還有孔雀四處遊蕩，瑪莎一眼就愛上這個地方了。

學校安排的課程，也吸引著瑪莎：包括傳統芭蕾（表演時是光著腳跳的）、世界各地民俗舞（埃及、希臘、西班牙、美洲印地安、印度、日本、中國等）、「戴沙特」技巧（以動作表達心情的表演技巧）、瑜珈、鋼琴、化妝、戲服與佩飾設計、舞臺燈光道具設計、舞蹈歷史、哲學、舞蹈評論⋯⋯這樣的學校，不僅在美國是第一所，世界其他地方也找不到另外一個。

聖丹尼斯不只想教授舞蹈技巧，她更希望能培養出身、心、

靈三者和諧的表演人才。所以她也辦了表演舞團，和學校同時運作，學生們平日上課練習跳舞，有機會就去各地實際演出，吸取經驗。

瑪莎入學甄試的那天，有人領她走進一個小房間，裡面只有一架鋼琴，和坐在琴前抽雪茄的音樂老師。

沒多久，一位有銀白長髮，穿著輕飄飄絲袍的美女，和一位高壯的青年走進來，瑪莎知道那就是海報和舞臺上的聖丹尼斯，她緊張極了。

聖丹尼斯微笑著對她說：「跳支舞給我看吧。」

瑪莎遲疑了半晌，鼓起勇氣說：「我從來沒學過跳舞，不知該怎麼跳。」

聖丹尼斯仍然微笑，但堅持著：「起來跳跳看嘛。」

瑪莎沒有別的選擇，她豁出去了，走到房間中央，放大膽子，用對舞蹈的滿腔熱情，用她最狂放的方法，努力跳起來……

　　瑪莎那時已二十二歲，在舞蹈界的人來看，二十二歲才開始學舞，實在太遲，而且她只有一百五十七公分高，當時還有點兒胖，加上五官不秀氣也不甜美，大眼睛大嘴高顴骨，有稜有角有個性，完全不符合聖丹尼斯想招進的金色鬈髮美女模樣。

　　至於她跳出的自創舞蹈，急促又火爆，和聖丹尼斯跳的東方式優雅溫柔，正好相反。聖丹尼斯對這名新學生很失望，不知該拿她怎麼辦才好，倒是為舞蹈表演伴奏的音樂老師「路易・霍斯特」，認為瑪莎具有爆發性的潛力，可以培植。泰德・翔也願意試教瑪莎一段時間看看，於是聖丹尼斯將瑪莎推給泰德・翔去訓練。

　　瑪莎實在太喜歡這個學校了，即使不是跟她的偶像聖丹尼斯學舞，能留下來就已心滿意足。

　　學校裡，同學們都是少女或女童，瑪莎是年紀最大的學生，上課時總是自己孤單坐著。起初同學們覺得她很不合群，其實是她強烈的求知

欲，使她專心到忘了旁人的存在。她也常因拚命學習，不吃不睡，可說是全校最用功的學生，同學們後來慢慢的了解她，甚至敬佩她。

泰德‧翔見瑪莎年長，一開始並不教她跳舞，只派她照顧年紀幼小的學生，因此瑪莎反倒有機會在教室旁看泰德‧翔教各式各樣的舞。就像中國武俠小說裡徒弟偷學武功的情節，瑪莎總是暗中牢記舞步，夜裡偷偷回到教室，在黑暗中練習，甚至試著創造一些自己喜歡的舞步，她一直抱著「機會來時自己已準備好」的想法，默默等待著。

天助自助者，不久後，這樣的機會真的來了。

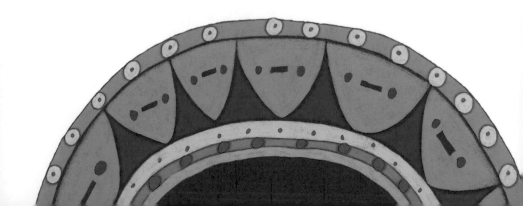

打雜的學生變成舞團臺柱

有一回，在舞團即將出門表演之前，和泰德‧翔合跳雙人舞的學生，得了急病無法演出，泰德‧翔著急的問班上同學：「妳們誰會跳這支舞？」

大家彼此無言相望，教室裡一片安靜。

「我會！」忽然有人大聲回答。

同學們驚訝的向著聲音看去，竟然是正在教室旁邊打雜的瑪莎，她紅著臉，鼓足勇氣大喊的樣子，引來了一陣哄堂大笑。

「妳真的會嗎？」老師也不相信她。

「我會！」

「那妳跳給我們看看！」

瑪莎立刻起身，奮力一舞，沒想到她跳得步步正確，又捕捉到舞中韻味，泰德‧翔和同學們都大吃一驚，不知道這個沒有正式學過舞的學生

是怎麼做到的？剎時大家都改變了看瑪莎的眼光。泰德‧翔帶瑪莎去聖地牙哥表演這支舞，結果也人人稱讚。

瑪莎回憶說：「我的舞蹈表演生涯，就是從那時開始的。」

泰德‧翔注意到瑪莎力求完美，練習時不怕苦，上臺表演又最熱情賣力，他開始器重瑪莎，還特別為她編舞，其中有一支描寫印地安公主《守琦》的舞碼最有名。公主「守琦」面對的是由泰德‧翔扮演的壞酋長，他逼公主嫁給他，守琦有許多反抗打鬥的動作，她每次都是真正出力，把泰德打得鼻青臉腫。觀眾看得過癮極了，都喜歡那個性倔強、脾氣剛烈的印地安公主。

其實臺下的瑪莎，待人處事的態度也是如此剛烈。尤其是和泰德‧翔吵起架來會摔東西，發火的時候，甚至曾把牆上的電話扯下來往地上砸。但瑪莎已受觀眾歡迎，成為舞團的要角，去外地演出時，她還接管整個舞團，漸漸在舞藝和

表演經驗上成熟，誰也不能輕看她。

　　由打雜的學生到舞團臺柱，這一路，除了泰德・翔教導她，音樂老師霍斯特鼓勵她外，還有一位同學「韓芙瑞」，對瑪莎有另外一種影響。

　　韓芙瑞是聖丹尼斯最愛的女弟子，後來也成為現代舞大師。她是個非常理性的舞者，瑪莎卻比較感性。大家都誇韓芙瑞最會編舞，她寫過一本《編舞的藝術》，一直是習舞者必讀的課本和暢銷書。瑪莎也承認韓芙瑞很會編舞，但她不大服氣的說：「韓芙瑞只會用規矩編舞，每一步都是中規中矩，她指舞臺的『中心』是舞臺的正中央，對我來說，舞臺的中心，應該就是主角我所站的地方啊！」她倆不能算是好朋友，卻一輩子看著對方成長，暗中較勁，互相批評，或許這也算是一個良性刺激，讓瑪莎舞得更努力。

　　1923 年，瑪莎快要三十歲了，她已厭倦天天扮演印地安公主、希臘女神、埃及祭司、日本舞伎的生活。在丹尼翔學校七年，她學到不少東西，

除了舞蹈，還有製作戲服、管理舞臺、經營舞團等事，但是舞技卻早已不再進步，她覺得每天重複跳著舊舞，實在是浪費人生。

此時她的音樂老師霍斯特要離開丹尼翔學校，去歐洲學習現代音樂。

瑪莎也決定走出學校，到外面闖一闖。

百老匯的公主明星

　　紐約！紐約！

　　夜裡的百老匯，霓虹燈閃爍，街上進出戲院的紳士淑女們，都打扮亮麗，興高采烈的談著許多表演趣事。

　　「真是表演得太好了！那個很帥的新演員……」

　　「舞臺設計得不錯，聽說女主角的衣服都……」

　　瑪莎獨自站在一家戲院門口，廣告燈光一明一暗的映照在她的臉上。

　　四下都是花花綠綠的表演海報，她看著走過的陌生人們，不知道可以對誰說，自己剛才得到

一份工作，是離開丹尼翔學校後的第一份工作。

瑪莎加入了「格林威治村歌舞團」，每天晚上就在這家戲院裡跳四支獨舞，雖然這不是她理想中的舞蹈表演，但是收入不錯，她可以多寄些錢回家，母親和妹妹能過好一點的生活。

在那個時候，百老匯的舞蹈表演，有點像今天拉斯維加斯的歌舞秀：女演員們跳群舞，穿著暴露的舞衣，戴著高聳的髮飾，在臺上來來回回變化隊形。

只有瑪莎跳的丹尼翔式舞蹈，在表演中比較具藝術性，她也拒絕穿暴露的衣服或賣弄性感。瑪莎自視甚高，不和其他歌舞女郎打交道，不過她們也不好惹，給瑪莎取個「公主」的綽號，諷刺她自以為了不起。

在百老匯表演了兩年，瑪莎增加了很多戲劇知識和表演經驗，也在紐約小有名氣，但她並不快樂，感覺日復一日的純商業化表演，落幕後特別空虛，不但跳舞沒有意義，生活也沒有目標。

　　格林威治村歌舞團不只在紐約表演，還到全國各大城市巡迴演出。有一回舞團到了芝加哥，那兒的美術館裡正在展出「現代繪畫」，瑪莎抽空去參觀，才走進展覽室她就呆住了，那些是她從來沒看過，在當時算是非常前衛的「抽象畫」：夏戈爾的、馬蒂斯的、康丁斯基的……瑪莎緊盯著牆上的畫，無法形容心中的震撼，覺得自己快要昏倒了！

　　「啊啊啊！原來畫家們也有這樣的想法！不用傳統的描繪方法表現世界，結果卻是這麼美！」

　　瑪莎第一次覺得她不孤獨，也沒發瘋，那裡的每張畫都鼓勵她：「去試吧！跳出妳自己的舞，不用複製傳統！」

　　長久以來，瑪莎一心想創作新舞，想表演新舞，雖然她還不知道這個「新舞」在哪裡，長的是什麼樣子，但她認為舞蹈不該只是娛樂，舞蹈應該和繪畫、音樂一樣，是一種藝術，是表達人類心裡哀愁、喜樂的一種方式。

在長長的思考後，瑪莎決定放棄穩定的收入和小小的名氣，離開格林威治村歌舞團，她需要一個人安靜下來，好好思考自己該創作什麼樣的舞，怎麼往前走。

但是，現實生活中，她仍需要一份薪水養活自己和家人，正巧這時候在紐約州的羅徹斯特城，有一個「伊士曼音樂學院」在招聘舞蹈老師，瑪莎背上行囊，向舞臺告別，往羅徹斯特去。

穿和服上課的舞蹈老師

第一天上課。

新來的老師只是靜靜的走進教室，就把學生們嚇翻了。

瑪莎化著濃濃的舞臺妝，頭髮束成又高又緊的馬尾，穿一件大紅色日本和服。

她走到教室中央，臉上的表情像是皇后走向自己的寶座一樣，高傲神氣。她停住，慢慢的彎

下身，坐到地板上，並且要求每個學生都
如此坐下。學生們從來沒見過這樣奇怪
的老師，她們驚訝又專心的看著瑪莎的
每個動作……瑪莎究竟是個表演者，她
知道如何凝聚觀眾的注意力！

　　一開始當老師，瑪莎教學生許多她在丹
尼翔學校裡學到的動作，這事傳到泰德・翔的耳
裡，他馬上寫信給瑪莎：「請立刻付出五百美金，
才能繼續教『丹尼翔』式的動作。」

　　五百美金！這個數目，對當時生活不寬裕的
瑪莎來說，實在太多了。但最令她沮喪的不是錢，
而是一件很可怕的事實：除了「丹尼翔」教給她
的動作，她竟然什麼都不會！

　　現在，她只能放棄以前學過的東西，開始創
造屬於自己的新動作。瑪莎開始仔細的思考何謂
「舞蹈動作」……

　　其實幸虧瑪莎遇到這個挫折，後來世界上的
舞者們，才能擁有整套的「瑪莎・葛蘭姆」動作。

　　瑪莎說：「我從來沒想創造什麼新奇的舞蹈技巧，只是不停的問自己：我的身體究竟能做什麼動作，才能讓身心都覺得滿足？」

　　她每天早上六點起床後，就坐在地板上練習呼吸，一練可練上幾個小時。呼吸，是生命中最基本，也是最重要的動作。瑪莎從小就學醫生父親去觀察別人，現在，她更仔細的看別人呼吸時，身體會有什麼反應。

　　她發現吸一口氣，胃部、肺部就會擴張，脊椎會漸漸伸直，好像有生機注入五臟六腑，人變得高大神氣起來。

　　吐一口氣，身體中段部分，就會彎曲變短，如果用「嘶嘶」聲吐氣，胃部的肌肉就會繃緊、變硬……她小心的分析和創作，教室是她的實驗室，用自己和學生的身體做實驗，瑪莎開始設計一些隨著呼吸節奏起落的動作，每一個大小動作之間的銜接，都有它的道理在，絕不是隨便做個表面樣子而已。

　　瑪莎認為芭蕾舞中，舉腿或跳躍的動作，都在對抗地心引力，非常困難，但舞者一邊跳，還要一邊表現出輕盈又輕鬆的樣子，太不合道理。

　　瑪莎曾說：「動作，從來不說謊。它是溫度計，可以向人報告靈魂的天氣。」她要真實的反映人生：煩躁的、緊張的、曲折的……所有不舒服的感覺都可以用舞蹈表達，不用隱藏。

　　她的動作不求優美流暢，有的生硬，有的尖銳，有趣的是，看起來不美而真誠的動作，常常更感動人。

　　瑪莎在走一條新路，照理來說，沒有前人領路，走起來會猶豫害怕，但瑪莎太喜歡她做的事了，興奮的心情使她忘記害怕，只顧向前跑，她專注不鬆懈的精神，也感染著身邊的每一個學生。

做了一年老師，瑪莎發現伊士曼學院並不支持她創作「新舞」，校方希望她多教些歌舞劇式的舞蹈，學生們表演起來比較好看，有娛樂價值。但瑪莎想表演自己作品的念頭越來越強烈，考慮再三，她終於又辭去了這份教職，帶著幾位願意跟隨她的學生，回到紐約重做舞者，再一次向著理想出發。

終於成為藝術家

1926 年，瑪莎計劃推出自己的第一場發表會。*

最鼓舞她的，莫過於霍斯特老師已從歐洲返美，答應她將到紐約來，做她的鋼琴伴奏和音樂指導，幫助她準備這第一場在百老匯的發表會。

霍斯特比瑪莎大十歲，可以說是瑪莎一生中最好的老師和最知己的朋友。他教瑪莎欣賞歐洲前衛派的音樂，和當時歐洲舞者的作品。他帶瑪

莎去看棒球賽、拳賽，為她講解文
學、哲學、心理學、藝術，讓她的
眼界更寬廣，編舞靈感更多。

　　一般人都認為應該先有音樂，
再編舞蹈，霍斯特卻教瑪莎「先編
好舞蹈，再配合舞蹈去寫音樂」的
新觀念，由瑪莎的第一場作品發表會開始，他為
瑪莎的舞蹈作曲，兩人合作，延續了一共二十二
年。

舞蹈樂園

＊1920 年代是「新與變」的年代。人們對現狀常有不滿而抗爭。瑪莎把這
　種強烈的情緒用舞蹈表達出來，作品為《抗爭》(Revolt, 1927)。
　　瑪莎抗爭的，其實是傳統舞蹈的束縛和矯揉做作的表演。但是瑪莎的
　觀念和硬梆梆的動作都太新了，有人批評她的舞「真醜陋」，瑪莎為此又
　創作了另一支《異端》(Heretic, 1929)。
　　「異端」在字典上的解釋是：不被傳統及一般人所接納的想法，或擁
　有這種想法的人。《異端》舞中瑪莎獨自穿著白衣跪坐地上，一大排黑衣
　舞者，像牆一樣站在她的背後壓迫她，白衣女的力量孤單卻不屈服，舞
　出反抗、控訴的動作，表示她不向強大勢力妥協。這支舞是瑪莎・葛蘭
　姆早期最重要的作品。

霍斯特不只是傑出的音樂家、編舞家，他更有發掘和激勵天才的能力。他曾說：「年輕的藝術家像爬藤，需要一堵高牆倚靠，我就是那堵幫助他們的高牆。」

霍斯特看著瑪莎從一名羞怯的女學生，進步成一位有理想的舞者，他深信瑪莎在舞蹈方面有才華，所以對她的要求很高，使瑪莎不得不更努力。

百老匯，是紐約的一條熱鬧大街，附近有許多表演歌舞劇的戲院，只有大明星才能在這兒做主角。瑪莎的名氣不夠大，但像所有偉大的藝術家一樣，她很自負，野心大，無論如何，她也要在百老匯推出她的第一場表演。

瑪莎沒有錢，只好向老雇主格林威治村歌舞團的老闆求助，向他租一晚在百老匯的戲院。如果賣座太差，付不出戲院租金，她就回到歌舞團，再為他跳一年舞。

一陣緊鑼密鼓，瑪莎首場表演終於要登場。那天，紐約才下過一場大雪，戲院外，地面還是

泥濘的，許多張貼的海報都被雨雪打溼了，觀眾顯然也比平常少。

瑪莎非常緊張，心中不斷演練著節目單上的十八支舞。

「準備好了嗎？準備好了嗎？」

霍斯特頻頻催她上臺，他知道，瑪莎將表演出和別的舞者不同的舞。

別人都穿舞鞋，瑪莎光腳；別人都踮著腳扮優美，瑪莎露出腳板像農夫。

別人都在比誰往空中跳躍得高，瑪莎卻把力量往地裡送，力量碰到地板卻彈回空間，不會消失。

別人都表演流暢的動作，瑪莎的動作卻曲折、生硬、不平衡、有稜角。

別人把辛苦出力的樣子藏在笑臉後頭；瑪莎把苦和累都誠實表達出來。

即使霍斯特批評她仍帶一點「丹尼翔」的影子，這些舞，卻已經是別人搶不走，真正屬於瑪

莎的創作了。

　　表演進行著，臺下觀眾有各種不同的反應。一般人到戲院看表演，是想逃離外頭世界上的勞苦憂愁，不料進了戲院，竟看到瑪莎用舞蹈來表現世間的愁苦，所以有人看到一半就吵著要退票，但大部分的觀眾，還是對這個新式的舞很好奇，想看看接下來會表演什麼。

　　瑪莎在中場休息時，偷偷拉開舞臺的布幕往臺下看──「啊，太好了，我不用再回歌舞團跳舞了！」她很高興觀眾人數比她想像的多，幾乎快要滿座，賣票所得已經足夠付租金給戲院老闆了。

　　第一場表演雖然不算完美，但總算達成多年來的心願，瑪莎覺得好高興，加油！理想就在眼前啊！

　　往後四年，瑪莎一共編了六十幾支舞，她在舞蹈界漸漸有了地位。

　　第一次世界大戰後，許多老舊的東西被淘汰換新，汽車取代馬車，公路四通八達。工廠裡的

機器取代人工，貨物大量生產。科學家如「愛因斯坦」、心理學家如「佛洛依德」等，在他們專業領域中都有重要的新發現。美國女性開始獨立自主，並初享投票權。包括文學、繪畫、音樂、舞蹈、戲劇、建築在內的藝術界，也被籠罩在這個新氛圍下，它們彼此影響，醞釀出一種新的表達形式──「現代藝術」。

　　瑪莎也在找尋舞蹈的新方向，也成為這個新潮流的一部分。

　　不過，就在她的方向越來越清楚時，可怕的美國「經濟大恐慌」開始了。

05

05

創 作

瑪莎最忠誠的粉絲團

雖是清早，霍斯特的鋼琴聲已經像流水一樣，在瑪莎小小的練舞室中迴響著，叮叮叮咚咚咚，咚咚咚叮叮叮……學生們已暖好身，正開始練習地板動作，每個人都十分專心。

經濟大恐慌使社會上許多人失業、貧窮、絕望，但是仰慕「瑪莎‧葛蘭姆」而來學舞的人，竟然有增無減。

這一群來自各處跟隨瑪莎的女學生，都不是傳統芭蕾中，看起來輕盈細巧的那種類型，她們都結實矯健，都不擔心練舞鏡裡的自己美或不

美，而在乎有沒有把老師教的東西學透徹，正確的跳出來。

　　瑪莎在創造新舞的過程中，不論舞蹈的題材、動作表現、服裝造型、舞臺布景燈光等各方面，都力求突破，所以她為了編舞，時時刻刻不斷充實自己。*

　　學生們崇拜瑪莎的努力和勇敢，什麼都以老師為榜樣，她們學老師去美術館看畫、讀哲學和藝術書籍。她們也模仿老師的裝扮，跳舞時穿著

舞蹈樂園

＊瑪莎・葛蘭姆在表演形式和服裝上的創新，最明顯的一支舞是《哀歌》（*Lamentation*, 1930）。這支舞，瑪莎一步也沒有「跳」，而是坐在一張板凳上，並套在一件像管子般的紫色布筒裡完成的。

　　瑪莎設計的這件布筒舞衣，是用有伸縮性的布料做成。布筒包裹著她的整個身體，也包裹著她前仆後仰、伸展收縮。在觀眾眼裡，布裡的每一點顫動，都像是被隱藏的痛苦，正在布裡四下衝擠，卻被壓抑著出不來。

　　有一位女觀眾看完舞後痛哭不止。事後瑪莎聽人說，這位女子親眼看到兒子死於車禍，傷痛過度，竟無法哭泣。當她看到瑪莎用《哀歌》表現內心極大的痛苦時，她感動不已，彷彿得到了知音的安慰，終於流出眼淚。

黑色緊身舞衣，紮著葛蘭姆式的長髮馬尾，或梳起一個像饅頭的高髻，臉上帶著瑪莎式嚴肅，甚至有些痛苦的表情！

瑪莎像要求自己一樣的要求學生，要她們能吃苦、不屈不撓。

她常對學生說：「把背挺直！記住那兒是妳的翅膀長出來的地方！」

但她也不全是嚴厲，她很會給學生們講故事，用比喻的方法說明她對動作的要求。

「想像妳正在推一塊巨石，實在是太重了，推啊！妳得用很大的力，雙臂不停發抖，頭上冒汗……」學生們一邊專心想著，一邊跳出拚命用力的樣子。

「妳快要被淹沒，水已高過妳的胸口，四處沒有東西可攀，水快速上漲到妳的下巴……」大家閉著眼睛想像，彷彿她們真的掉到水裡，無助的身體不斷掙扎，盼望有奇蹟出現。

瑪莎教的，常常不只是跳舞，而是「看重自己所做的事」的態度，學生們在學舞的同時，也學人生。瑪莎曾說：「哪裡有一個準備好起舞的舞者，他的腳下，就是一塊聖地。」

瑪莎的魅力，學生們擋不住。有學生回憶：「跟她學舞真是太有趣了！她叫大家跑、跳、呼吸、哭、大笑……做那些最自然的，小孩子天天做，大人卻已經忘記的動作。她帶我們一步一步了解自己的身體，和身體能做些什麼事。」

經濟不好，大家都窮，舞團的學生們，不僅自己縫製表演服裝，又幾個人擠租一個小房間，甚至有人睡過浴缸。她們用一切辦法省錢，因為她們雖然又排練又參加表演，大把時間花下去，卻拿不到什麼酬勞。但她們熱愛舞蹈，信任老師，

像被磁鐵吸住似的天天去教室。大清早練完舞，趕去工作賺錢，晚上下班不管多累，又會回到教室裡，排練老師新編的舞步。

《原始之謎*》是瑪莎日夜思考，足足編了一年的作品。她在編這支舞的時候，非常專心，坐在練舞室的地板上反覆練習，眼裡看不到別人進出，學生也不敢打擾她。編出來的舞，許多部分沒有配樂，完全安靜，舞者也只能以自己的心跳打拍子，靠完全專注，互相幫忙，才能跳出一致的動作。

因為沒有經費多租一天戲院供舞者彩排，瑪

舞蹈樂園

*有一段時間，瑪莎常到美國西南部沙漠地區，看印地安部落拜神的舞蹈。她喜歡那些舞的節奏簡單又強烈，跳舞的人非常虔誠，尊敬天地。瑪莎想起幼時也看過天主教的彌撒儀式。這兩個經驗，影響瑪莎編出一支與宗教相關的舞《原始之謎》(Primitive Mysteries, 1931)。

舞蹈分為三段：「處女聖歌」講聖母瑪利亞的信心，「十字架」講耶穌基督被釘十字架的痛苦，「和散那」講耶穌復活帶給人們希望。瑪莎生長於基督教家庭，從小去教會做禮拜，雖然她反對由人編出來的許多教會規定，但心中卻是相信和敬拜神的。

莎帶著舞團，在表演當天的午夜零時進入戲院，舞者們才第一次實地演練。

不知何故，大家卻怎麼都練不好這支舞，不但一切不順利，最後瑪莎甚至還摔了一大跤，她的壞脾氣終於爆發，狂喊著：「回家！回家！妳們全給我回家！」她想這支舞是表演不成了，自己是失敗了。

但所有學生，都像木頭人一樣靜止不動。對瑪莎絕對忠誠的她們，知道老師為這支舞花費多少心血，她們不肯動，決定要繼續把這支舞排練好。那一夜，沒有一個人願意睡覺。

結果，《原始之謎》

演出相當成功，觀眾起立不停的鼓掌，舞者一共
謝幕二十三次，瑪莎激動到無法說話。戲院裡的
每個人，不論是舞者還是觀眾，在虔誠的舞步被
跳出來的時候，彷彿都感覺到有至高的神明同
在。

瑪莎‧葛蘭姆已受社會肯定，次年，她成為
第一位得到美國藝文界「古根漢獎」的編舞家。

葛蘭姆式動作

瑪莎不沉醉在成功裡，她回到教室繼續改進
自己創造的新動作。這一套以呼吸為所有動作之
本，日後被世界上許多舞蹈團和大學舞蹈系使用
的「葛蘭姆式動作」，究竟是什麼？

練舞室裡，新來的學生很緊張，看見舊生們
全躺在地板上，很嚴肅的望著天花板，他們像是
在練習仰臥起坐，並且是慢動作，慢慢起來又慢
慢躺下，躺下再起來，一直重複。

　　新生躺下，也望著天花板。

　　旁邊的舊生說這是「地板動作」，正在練習躺下的「縮腹」和「伸展」。

　　新生傻傻的問：什麼是「縮腹」？

　　舊生不答話，一拳向新生的腹部打過去。

　　新生本能的向後一縮，全身緊張，想躲過這一拳。

　　舊生的拳頭停在空中：對啦，這就是最簡單的「縮腹」！

　　「縮腹」的時候吐氣，腹部向後縮，把背拱

得彎彎的。

「伸展」的時候吸氣，由腹部開始，把彎著的背，由尾椎開始，沿著脊柱一節節上升到頭頂，背全部伸直，人好像也長高挺拔了！

新生有一點點心得，但不知對不對：「縮腹」像一隻豹子弓起身，凝聚力量，準備出擊，「伸展」像豹子騰空飛躍的一刹那，內在的力量獲得釋放，使身體變得更高、更遠、更長！

一百八十多支舞蹈作品

瑪莎一生，編了一百八十多支舞蹈，數量實在驚人。許多人好奇的問：「這麼多舞，要到哪裡去找靈感呢？」

瑪莎說：「我是個舞者，我熱愛表演！我從來不認為自己是個編舞家，在參加紐約的歌舞團以前，我根本沒聽過『編舞』這個字。我們

在丹尼翔學校裡，都簡單的說『做』一支舞來跳。而我開始編舞，完全是因為我需要有一支舞，才能展現我的好舞技！」

雖然她自稱只是個舞者，但是多年編舞，瑪莎已練出一套獨家的編舞方法。她大量的閱讀：文學、詩歌、《聖經》、日本俳句、希臘神話、報章雜誌上的世界大事，全是重要的創作來源。*

瑪莎編舞之前，先觀察。有時她會和霍斯特站在街上，只為觀察來往的行人，看人走路、談話、打哈欠、彎腰等動作。

舞蹈樂園

*瑪莎表示自己只愛藝術，不愛政治，但她對時事很關心。

1936 年由德國舉辦的奧運，邀請瑪莎和她的舞團去表演，那是世界級的榮耀，瑪莎卻拒絕了。她反對希特勒和納粹，不願為他們做任何事。在她的回信中寫著：「有許多我敬愛的藝術家們，正在德國受著你們的迫害，我若是接受這個邀請，豈不表示我和你們的立場相同？並且，我的團員中有不少猶太人，我想她們是不受歡迎的吧？」

同一年，瑪莎編了《紀事》(Chronicle, 1936) 一舞，以經濟恐慌和當時的西班牙內戰為背景，敘述世事和戰爭無情，人們受摧殘，盼望新時代快開始。

　　她觀察大自然：海水的波紋、一棵樹的枝幹花葉、天空移動的雲彩。

　　有一回，瑪莎獨自去中央公園散步。走到小動物園外，她隨意坐在面對獅子籠的板凳上。附近沒有遊人，瑪莎就靜靜的看著獅子，牠不停的在籠裡走過來又走過去。瑪莎開始注意牠的腳、牠的肩，牠如何轉身，穩重尊貴像個大王。

　　「我竟從獅子的身上，學到如何移動身體的重心，如何單純的走路！」瑪莎興奮的說。從此，重心轉移、平衡成為「葛蘭姆式動作」中重要的部分。

　　瑪莎不斷的寫筆記，記下想法、靈感、動作……一些新舞步在腦子裡逐漸成形。

　　這時候，她會聯絡作曲家，向他講解編舞的念頭，作曲家依她的想法去編曲，完成後兩人再討論、修改，直到瑪莎滿意為止。

　　瑪莎也聯絡舞臺和燈光設計師。

　　以前瑪莎的表演，沒有什麼舞臺設計，只是

臺後掛著一塊黑幕，她喜歡這樣簡單的風格，正像她編舞時的心意單純。但是後來瑪莎想做些改變，她找到了抽象雕塑家「野口勇」，野口勇是日裔美國人，曾在中國向「齊白石」學水墨畫和造園心法，瑪莎也喜歡東方哲理，兩個人很談得來，成為好友，合作長達五十三年，幾乎瑪莎的每個經典作品，都是由野口勇設計舞臺。

為瑪莎做燈光設計的女子「羅珊道」，是瑪莎在紐約街坊劇場的學生，她也和瑪莎合作了三十七年，建立深厚關係。後來她得了癌症，還堅持為瑪莎設計燈光，有一次甚至叫救護車把自己送到劇院去完成工作。

當瑪莎拿到新譜好的音樂，正式開始編舞時，她會把學生們都找來，在練舞室裡一起工作。她讀著自己的筆記，教學生做她想好的動作，不滿意就立刻修改。她常常停下來思考，面對窗外

發呆，有時學生隨意的一個動作，忽然激發出瑪莎新的想法，她就毫不猶豫的捨棄舊舞步，嘗試新的可能。

有時候她靈感泉湧，編出好舞，和學生們一起練習到凌晨；有時好不容易編出一段舞，學生們也練習了一整晚，第二天她卻說：「不好不好！全部刪掉！」

最不順利時，瑪莎會對自己和學生大發脾氣和摔東西！

學生們默默不作聲，因為過去的經驗告訴她們：發洩吧，發洩吧，新的動作，很快就會在這樣的煎熬中誕生。

編了好久的舞快要完成了，瑪莎這才會請好友霍斯特來幫忙。霍斯特的眼力很準，看得出一支舞的哪些部分該保留，哪些需要刪掉。他真心的批評毫不留情，瑪莎的脾氣剛烈，常和他意見不合而大吵起來，使一支幼小的作品，像是在暴風雨中受考驗，但是兩人越吵舞蹈越完美，藝術

水準越高。瑪莎常任性的說霍斯特是「殺她靈魂」的人，但她心裡明白霍斯特愛護自己，最後多半會採取他的建議。

霍斯特也說：「她像一只風箏，有時飛得太遠太高，天馬行空去了。我是她接在地上的線，提醒她，家還是在地上，有時也要注意觀眾們的接受度。不能太任性了。」

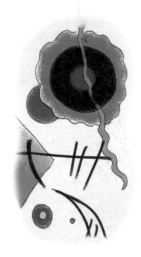

愛情拓荒者

　　自 1934 年開始，連著幾年的暑假，瑪莎和霍斯特都放下紐約的工作，帶著簡單行裝，前往美國東北部佛蒙特州的「班寧頓女子學院」。

　　那兒所辦的暑期現代舞訓練班，邀請了許多與現代舞相關的名家去教學。

　　課程內容非常豐富：現代舞技巧、舞蹈史、舞評、作曲、編舞、舞臺設計……

　　訓練班不只收在學的大學生，還收大學體育系的老師，希望他們上完課，回到教書崗位，能把現代舞的種子撒在高等教育中，把這項新藝術

推廣到全國。

　　班寧頓學院附近多是農田農舍，在田裡工作的農夫們，看著這些從大城市來的跳舞人，每天什麼都不做，只是跳舞，覺得很有趣，偶爾順道去觀望一下，就看到舞蹈家們，在由穀倉改成的大練舞室裡，勤快的教舞。

　　而瑪莎等人到了空氣清新的鄉間，拋下都市的喧囂，身心都很愉快，編出不少好作品。*

　　班寧頓現代舞訓練班，第一年實驗性的招收了一百名由十幾歲到五十幾歲的女學生，結業成果非常豐碩。

 舞蹈樂園

＊瑪莎受了班寧頓學院附近的田野風景影響，編出《新境》(Frontier, 1935)。舞臺上，布景簡簡單單：兩條粗繩、一排欄杆，瑪莎站在正中，不斷把腿踢高又跳躍的舞步，剛健有力，象徵拓荒者的進取精神。瑪莎向著觀眾的方向眺望，好像正望向遠方的地平線，看見那兒有一個廣大的空間，或者說有一個新的境界時，她露出愉快的笑容。

　　舞評家說，拓荒，不見得要發生在 19 世紀的美國西部，可以是一個學生面對新學校，一個科學家面對新研究，更可以是一個舞蹈家創作新形式的舞，正如瑪莎‧葛蘭姆。

　　第二年，因為口碑太好，美國各州甚至加拿
大都有人來報名，人數多到候補名單有長長的一
大串。主辦人看到成績這麼好，決定也招收男生。

　　「艾力克‧霍金斯」是一位年輕又英俊的哈
佛大學畢業生，他受過紮實的芭蕾訓練，瑪莎看

過他的表演，非常欣賞他，他也想向瑪莎學現代
舞，因而加入班寧頓訓練班。瑪莎起先讓霍金斯
參與自己舞團的排練，接著，在眾人訝異之下讓
他加入舞團，成為團中第一位男舞者。

瑪莎又叫霍金斯教團員們跳芭蕾舞，再漸漸
接管團中的行政事務。很明顯的，瑪莎對霍金斯
太偏心了，老資格的團員們都不服氣，一一辭去，
後來，就連音樂總監霍斯特都看不下去，他也離
開了舞團。

瑪莎向來不在舞團中談論隱私，但人人都看
得出，以前那個「剛烈的印地安公主」變柔順了，
也變嬌美了，她雖然不確定自己這樣做對不對，
但仍然不管別人的看法，深深的愛上比她年輕十
幾歲的霍金斯。

霍金斯說：「在舞中，有我跳男人的角色，瑪
莎才能嘗試表演以前沒機會表演的──女人的
愛。」

經過十年的相處，1948 年，霍金斯和瑪莎，

終於在新墨西哥州聖塔菲的一個小教堂中結婚。觀禮的只有一位住在當地的朋友，和教堂裡彈琴的樂師。婚禮完畢，他們就往附近的沙漠峽谷裡露營，盡情享受大自然。*

可惜快樂不能長久，他們仍得回到紐約，面對現實生活。

驚訝的親友們，都不看好這個婚姻。兩位傑出的職業舞者，要天天工作並且生活在一起，實在很不容易。還有許多人批評霍金斯的才華比不上瑪莎，只要他和瑪莎在一起，他就永遠是「瑪莎‧葛蘭姆舞團」裡的一名小團員。一大堆閒言閒語帶給他們很多困擾。

婚後第二年，舞團被邀請到巴黎和倫敦表演。當時的倫敦、巴黎都是芭蕾舞中心，對「現代舞」非常陌生，所以有這樣好的表現機會，大家都很興奮，全力練舞和準備服裝道具。

但就在出發前一

日，瑪莎的腿受傷了！

「怎麼辦呢？多麼壞的預兆啊！」瑪莎撫著膝蓋，心裡著急。

葛蘭姆舞團仍然照原計畫飛到巴黎。

● ☆ ● ☆ ● ☆ ●

巴黎劇院的化妝室裡，傳出一陣陣爭吵的聲音。

「妳這樣子是不能跳的，我們換支舞或換個人吧！」霍金斯說。

舞蹈樂園

*在愛情滋潤下，瑪莎和霍金斯合作的舞，都好看又出名。

《阿帕拉契之春》(*Appalachian Spring*, 1944)，由美國音樂家「科普蘭」作曲，日裔雕塑家野口勇設計舞臺。述說一對新婚夫婦，面對美好前程而充滿希望。

瑪莎和霍金斯分別擔任新娘、新郎的角色，在編演的當時，他倆深愛著對方，一切真的有情有意，自然流露。

《天使的嬉戲》(*Diversion of Angels*, 1948)，音樂和舞步都輕鬆愉快，充滿愛。瑪莎用舞者身上不同顏色的衣服，代表不同時期的「愛」，黃色的青春之愛、紅色的激情之愛和白色的成熟之愛，每個時期的舞者，也都有特別的代表動作：青澀的、熱情的、沉穩的，交織貫穿全舞。

「絕對不行！想都別想！我絕不會換舞或換人的！」這回是瑪莎在喊叫。

霍金斯說的沒錯，瑪莎的重頭戲裡有很多使用腿部、膝蓋的大動作。但瑪莎不理霍金斯的勸告，忍著痛苦上場表演，一直跳到最後一支舞，眼見她一個跳躍，落地時正好壓迫在受傷的膝上，整個人倒了下來。

大家慌亂的扶瑪莎到後臺，她的膝蓋已腫得像個大柚子，每個人看了都知道，瑪莎不能再跳了。

第二天，報上的舞評非常差，團員們的心情也很低落，但是他們還得咬著牙，再去倫敦表演。瑪莎不顧一切，仍想冒險上場，卻在排練時再次受傷。

終於，倫敦的表演開幕了，瑪莎沒有出現，觀眾失望，演出也很失敗。

但對瑪莎來說，可怕的失敗不只是表演，還有她的婚姻。

霍金斯和她之間本來已有很多衝突，在這次

旅行中，霍金斯建議她停舞，瑪莎不能容許她的
舞團表演中沒有她，兩人的爭執一發不可收拾。

他們終於決定分手，霍金斯一人先回美國。

瑪莎受傷，失去舞蹈，失去愛情，她覺得世
界已垮，她什麼都沒有了。

破繭而出 再飛舞

瑪莎帶著腿傷，不回紐約，卻去了美國的西
南部。

或許只有廣大的沙漠，才能容得下她的悲哀。

看了許多醫生，都說要開刀才能醫好她的膝蓋，但瑪莎不是一般人，她是一名舞者，舞者看重肢體勝過一切。她不願意對自己的身體動刀。

上天憐憫她，在新墨西哥州的聖塔菲城，她遇見一位醫生，不主張開刀。

「妳是世界級舞蹈大師，我相信妳比我更了解妳跳舞的工具——妳的身體！」

「妳瞧瞧這些表演的照片，啊！那些動作真了不起啊！妳對身體的控制力很強，不要開刀，我建議妳做復健運動吧！」

醫生對瑪莎極有信心，他設計出一套以腿舉重，強化膝蓋的方法，一步一步教瑪莎。

瑪莎用舞者練舞的恆心毅力，每天在固定的時間練習，一年之後，她重新走上舞臺，表演了一支長達二十分鐘，具有高難度跳躍動作的獨舞。

對於失去的愛情，瑪莎仍然很心痛，她用創作來療傷，此時的作品，多以希臘神話中的女性為主角，描述她們內心的愛恨情仇，像是瑪莎在

傾訴自己複雜的心情。*

　　1948 年，瑪莎創立了「瑪莎‧葛蘭姆當代舞蹈中心」，她的學生越來越多，來自世界各地，舞團也越來越有規模，是美國第一個招收非洲裔和亞洲裔舞者的舞團。少女時期住在聖塔芭芭拉的經驗，教瑪莎「藝術不分種族國家」，認識各種不同的文化，可以帶來更豐富的創作題材和舞法。

　　唯一的問題是，這個正在成長的舞蹈中心，沒有一個屬於自己的地方。

　　瑪莎的好友「貝莎比」，是一位猶太裔、熱愛舞蹈的富家女。她曾追隨瑪莎學舞，卻沒有成為

舞蹈樂園

*1940 年後，瑪莎編出好幾支以希臘神話為題材的舞。
　　可能是那些故事中的女主角，常在猶豫、嫉妒、懷疑、恐懼的心情中掙扎，瑪莎覺得自己也常有同樣的感覺。《希洛狄亞》(*Herodiade*, 1944)，描述希洛狄亞面對鏡子，看著自己衰老的臉，生命正在走向終點，未經驗的、未完成的……一切已沒有時間和機會，再不願意，也得接受生命會衰老枯萎的定律。
　　《心靈的洞穴》(*Cave of the Heart*, 1946) 和 《夜旅》(*Night Journey*, 1947) 都在描述盲目愛情會帶來毀滅自己和他人的危險。

專業舞者。但因為熱愛瑪莎的舞，她義務幫忙，不僅花時間隨團巡迴演出，還自動支付許多花費。

1952年《讀者文摘》創辦人華萊士夫人，買下了貝莎比位在紐約的一幢三層樓房，送給「瑪莎‧葛蘭姆當代舞蹈中心」，當時瑪莎驚呆了，不敢相信這個事實。「我們真的就要有一個安定的家了嗎？」

走進位在紐約市東六十三街的新家，瑪莎忍

不住欣喜。一樓有兩間練舞室，空氣流通，光線充足。瑪莎滿意的繞了練舞室一圈，再走進隔壁一間明亮舒適的小房間，那是她的辦公室。

日後，她常喜歡坐在辦公室裡，看窗外園裡的花草，享受寧靜。有一回，瑪莎無意間在花園的角落裡，發現一棵小樹，居然長在圍了小院一圈的粗鐵鍊底下。

「這小東西往上長就會碰到大鐵鍊，沒法長，活不了的。」園丁說著說著，就要將它拔去。倒是瑪莎不知想到什麼，忽然動了惻隱之心：「別動它！讓它長長看吧！」

最受歡迎的文化大使

膝傷醫好，瑪莎的舞蹈中心也安定了，眼前還有一件事是瑪莎想做的：她要再去歐洲表演一次，讓歐洲人看看真正的「瑪莎‧葛蘭姆舞團」。

1954 年，瑪莎安排舞團訪問倫敦、哥本哈根、柏林、巴黎、佛羅倫斯*。

這一回，沒有任何意外阻礙瑪莎傾力而舞，

舞蹈樂園

＊歐洲巡演，在佛羅倫斯的表演之中，觀眾非常喧鬧，瑪莎很不高興，忽然停住舞動，站在臺中央，什麼也不說，只把一隻手高舉。

觀眾嚇一跳，不知如何反應，都安靜下來。

瑪莎繼續表演，但不多久臺下又鬧鬧起來，瑪莎氣極了，再一次在臺中央舉起手，用一個簡單動作，制止觀眾的無禮。

表演完，瑪莎告訴團員，謝幕時低頭立正站好，但不許鞠躬。

幕起幕落數次，團員們低頭站在臺上，瑪莎上臺，背對觀眾，面對所有的舞者，她深深一鞠躬。臺下的人們，這時終於警醒了，開始有人回應以掌聲，只聽掌聲越來越熱烈。瑪莎不只表演舞蹈，也給觀眾上了「尊重藝術」的一課。

歐洲人從未看過像瑪莎・葛蘭姆舞團表演的現代舞，他們覺得大開眼界。

在巴黎的表演很成功，美國駐比利時大使特別打電話找瑪莎，告訴她為了避免比利時有被看輕的感覺，請她一定要把比利時加到訪問國名單上。

各大報紙媒體都報導著瑪莎・葛蘭姆舞團的新聞，觀眾反應熱烈，還有人專門從北極騎摩托車來看表演，團員們因此表演得更有勁。

瑪莎・葛蘭姆舞團的歐洲表演空前成功，「現代舞」一下子成為熱門話題，瑪莎個人在國際間的名氣也響亮了，促使一個個表演機會接踵而來。

1955 年美國國務院提出支助計畫，由瑪莎率領舞團訪問日本、印尼、緬甸、印度、伊朗、以色列……

瑪莎對這些遙遠又陌生的國家很好奇，迫不及待想去看看他們歷史悠久的舞蹈和文化，但是很多朋友卻對這次的亞洲行不樂觀。

「妳看看這個名單上的國家吧，他們向來對美國不友善啊！」

「這些國家都很保守，沒被西化，也不懂英語！」

「他們根本不知道什麼是『現代舞』，妳想他們會接受妳和妳的舞嗎？」

瑪莎不擔心。她相信舞蹈是世界性的藝術，她可以藉著舞蹈跟任何國家的人溝通。瑪莎說：「舞蹈，是靈魂深處的語言。我誠心用這個語言說話，別人也會誠心聆聽。」

瑪莎確實不用擔心，巡迴表演的同時，這些被訪問的國家，都質問美國國務院：為什麼沒有早些送瑪莎·葛蘭姆舞團來呢？

在每一個國家的每一場表演都是爆滿的，還有和尚們抗議買不到票！

泰國王子和伊朗沙王都特別要求在自己的王宮中加演一場。

印度領袖「尼赫魯」也帶著女兒（日後的「甘

地夫人」）來看表演。

「那些觀眾可能沒聽過『現代舞』這個名詞，但一看我們光著腳、坐在地上，就對我們有好感。因為在地球的那一區塊，人們在生活裡就常打赤腳、席地而坐的！他們的傳統舞蹈中也常演神話、常辯論善惡、常探討內心的掙扎。」

觀眾覺得瑪莎的舞，和他們沒有距離！所以，在緬甸仰光的室外舞臺之下，許多觀眾攜家帶眷而來，並且像野餐似的當場煮起食物。瑪莎笑著說：「我一邊跳希臘悲劇，一邊聞著世上最美味的咖哩飯香！」

當然，也有些東方舞蹈家是內行人，不只是來看熱鬧，他們發現瑪莎的舞，其實很接近中國的拳法、氣功，都是在使用人體內部一種未知的力量。

不論看熱鬧還是看門道，東西文化藉舞交流，雙方都很愉快。

訪問途中，人們不只想欣賞「現代舞」，更愛

看瑪莎。瑪莎到每個地方都需要致詞介紹、接受
訪問，她的臺風出眾，演講得體，魅力勝過任何
明星。

　　大家都稱她是美國的文化大使，誇獎她訪問
亞洲的貢獻很大，比職業外交官還強。

桃李滿天下

　　瑪莎認為自己是個「舞者」，從來不想當老師。

　　但是在她一生中，大概是天意吧，她總是保持著老師的身分！

　　最早是在「丹尼翔」學校裡，幫老師泰德・翔教導年紀小的同學。

　　然後去「伊士曼音樂學院」教舞蹈，為了想教學生新的東西，她開始創作。

　　再到紐約的「街坊劇場」教室，瑪莎教演員如何用身體動作表演內心戲。她在街坊劇場的學生，有許多後來成了閃亮的大明星：得過奧斯卡

金像獎的老牌影后「蓓蒂‧戴維斯」，主演《羅馬假期》的瀟灑男星「葛雷哥來‧畢克」，名導演「伍迪‧艾倫」，歌舞巨星「麗莎‧明妮莉」等等。每個人都敬愛瑪莎，都記得她為他們上過的有趣課程，都受到她深遠的影響。

　　此外，瑪莎在「班寧頓學院」創立了美國第一個舞蹈學士學位；在紐約「茉莉亞音樂學院」，她開設了舞蹈學系。還有「瑪莎‧葛蘭姆當代舞蹈中心」，招收來自各國各個族裔的舞者，結果也產生許多舞蹈名家：「摩斯‧康寧漢」、「崔拉‧沙普」、「保羅‧泰勒」……還有後來在影歌界成名的「瑪丹娜」！瑪莎特別喜歡瑪丹娜的叛逆感，覺得那還真像她年輕時候的樣子。

　　瑪莎的影響不只在美國，「倫敦當代舞團」因

她而成立，教授全套葛蘭姆式動作。瑪莎的好友貝莎比，在以色列成立了該國第一個現代舞團「巴西瓦」。她的學生遍及全球，她所創的動作和風格已藉著學生們，傳到世界的每個角落。

相惜的朋友

瑪莎・葛蘭姆舞團長年需要龐大的經費。瑪莎常常得為這些錢傷腦筋。

在舞團五十週年慶時，瑪莎準備推出一場表演來籌款，有名的芭蕾舞者「紐瑞耶夫」和他的搭檔「瑪歌芳婷」知道後，自動伸出援手，願意參與表演。

於是瑪莎為他倆編了一支現代舞《光之使者》，但她一想到要和兩位世界級舞者一起工作，就很緊張。她記得第一次見紐瑞耶夫，是在她的表演後臺，有人向她介紹這位傑出的年輕芭蕾舞者，紐瑞耶夫很沉默，瑪莎想：他可能不喜歡我

的現代舞吧。不料這回再見面，談起往事，瑪莎才聽到紐瑞耶夫的解釋：那次看到瑪莎創新的動作，他心中驚嘆到說不出話來！

瑪莎和芭蕾舞者相處愉快，因為她不像鄧肯那樣拚命反對芭蕾，她只是堅持用自己喜歡的方式，跳自己的舞罷了。瑪莎說：「舞蹈只分兩類：好的，和壞的。」

紐瑞耶夫和瑪歌芳婷都喜歡瑪莎，三個人還合拍了一張美麗的黑白照，雖是一張廣告照片，三人開心的笑容卻是日後最好的回憶。紐瑞耶夫後來又跳了好幾支瑪莎編的舞，在舞蹈路上，兩人一直互相鼓勵打氣。

另一位世界級的芭蕾明星，暱稱「米夏」的「巴雷什尼科夫」，也曾向瑪莎學她早年編的舞，米夏非常用功，瑪莎稱讚米夏比原舞者跳得還好，兩人成了忘年之交。

紐瑞耶夫和米夏後來曾經同臺表演瑪莎的經典作《阿帕拉契之春》，成為經典中的經典。

　　瑪莎口中最阿沙力的朋友，是有名的「海倫‧凱勒」。她常去訪問瑪莎的學校，雖然她看不見舞者跳舞，聽不到伴奏音樂，卻可由地板的震動來「感覺」舞蹈。有一回，海倫忽然問：「瑪莎，什麼是『跳躍』？我真搞不懂！」

　　瑪莎找來團員中最會跳躍的摩斯‧康寧漢做示範。她把海倫的手放在摩斯的腰上，摩斯用力一躍，海倫的手跟著高高上升、又迅速下降，她臉上的表情由疑問轉成驚喜。

　　「請再跳一遍！哇！再驚喜一回！太有意思啦！」

　　海倫‧凱勒臉上大大讚嘆的樣子，和瑪莎高興的笑容，深深烙印在人們心中。

　　瑪莎曾受「羅斯福總統」及夫人的邀請，去白宮表演，當時有幕僚說：「怎麼能光腳呢？從來沒人在白宮光著腳表演，太不像樣了！」

　　瑪莎回答說：「光腳是我的戲服，表演時總不能不穿戲服吧。」

　　表演之前不吃東西是瑪莎多年來的習慣，所以即使她獲邀與總統一家人共進晚餐，為了準備表演，她也婉謝了。

　　節目表演完時已是深夜，細心的總統夫人惦記著瑪莎還沒吃飯，兩人輕手輕腳進廚房，在冰箱中翻翻找找，總統夫人竟做三明治給瑪莎吃！

　　另一位總統夫人「貝蒂福特」，曾是瑪莎的學生。1976 年當「福特總統」頒總統自由獎章給瑪莎時，貝蒂福特是以「學生」身分在一旁觀禮的。

　　瑪莎向來講究儀容打扮，但她個性節儉，不亂買衣服。她是個藝術家，對衣服的品味特別，看上的衣服也不多。有一回，正在為參加一個重要宴會沒有合適的衣服發愁，好友「麗莎・明妮莉」就介紹了服裝設計師「候司頓」給她。候司頓敬佩瑪莎，立刻為她設計亮眼的新衣，配上柔軟飄動的長袖，遮住她因關節炎變形的雙手，把她打扮得漂漂亮亮，站上舞臺，如明星發光。此

後，候司頓不只為瑪莎個人，更長期為瑪莎的舞蹈設計服裝。

瑪莎八十多歲時，穿著候司頓設計的時髦服裝上臺，她笑著說：「我已經夠老了，如果還穿老人式樣的服裝，看起來真要老過上帝的姑媽！就因為年紀大，我要穿得更美麗！」

不斷成長的舞蹈人生

瑪莎在自傳上寫著：

「跳舞所用的工具，就是我們過生活所用的工具——我們的身體。

這身體承載著記憶、生、死和愛，為我們達成生命中的許多希望。」

但是瑪莎不願提，甚至不願想的是：同一個身體，也載著病痛和衰老。

年輕時候的瑪莎，以腿腳強健出名，她擅長舉腿、踢高、跪倒後上身向後仰等等困難的動作，

她更可以靠著自己發明的「縮腹」和「伸展」技巧，三個大步就跨越整個舞臺。

　　瑪莎二十二歲開始學舞，因為起步太晚，五、六十歲才達到表演高峰，名氣大時，身體已經老了。而年紀越大，關節炎疼得越厲害，跳舞越吃力。

　　瑪莎舞團的團員都年輕，身體狀態佳，跳得好，舞團也不斷被邀請到世界各地表演。瑪莎知道自己的身體不如從前，就慢慢的把一些獨舞讓給資深團員跳，但是她仍然抓緊大部分自己愛的角色不放，並且不斷的為自己編新舞。她說：「跳舞是我生命的全部。我需要跳！我必須跳！誰也不能阻止我！」

　　1958 年瑪莎的母親逝世。

　　1964 年瑪莎最親愛的老友霍斯特病危住院，瑪莎去看他，為他加油，嘰嘰咕咕聊舊事。霍斯特很衰弱，話都說不清，卻盡全力告訴瑪莎：「妳

的─衣服─好─看──像─我─第一次─見─到
─妳─」

　　瑪莎說:「若沒有霍斯特對我的同情、諒解和
信心,我不知會迷失到哪裡去,絕不會有今天。」
霍斯特逝世那年,瑪莎七十歲,失去知己,更覺
得自己年老又孤獨。＊

　　舞團裡,因瑪莎不服老,不服輸,還占著大
部分主角的位置,資深團員看不到升遷前途,就
紛紛離開,自組新團。瑪莎的關節炎毛病越來越
嚴重,不能再跳困難的動作,只好強調手的姿勢
與臉部表情。年輕一輩的觀眾開始批評:「真看不
懂她在跳什麼!」那段日子是瑪莎生命中的黑暗

舞蹈樂園

＊在瑪莎生命的盡頭 , 她竟編出一支最輕鬆愉快的作品 《楓葉拉格》
(Maple Leaf Rag, 1990)。「拉格」是一種音樂風格名稱。這音樂,是摯友
霍斯特生前常為她彈奏, 逗她開心的一支曲子。舞蹈開始時的配音,是
心情沮喪時的瑪莎,對霍斯特求救時都會說的話:「請你彈上一首〈楓葉
拉格〉吧!」然後, 鋼琴叮咚的聲音伴隨著舞者出場⋯⋯瑪莎是用這支
曲子、這支舞,來回憶年輕時候的快樂感情,來紀念她最親愛的霍斯特。

期，她開始喝酒，麻醉自己。

　　酒精使臺上跳舞的瑪莎搖搖晃晃，臺下觀眾都為她捏一把冷汗，舞評家也議論紛紛。

　　1970 年，在眾團員不得已的「逼退」，自己的身體也叫停的情況下 ，瑪莎跳出她最不情願的、最後一場表演。

　　接下來，舞團的每場表演，她都站在臺側，看別人跳她的角色，傷心欲絕。她被學生發現在練舞室中啜泣，只因為夢見了自己仍然在跳舞。

「不跳舞，我活不下去！」瑪莎失去了生存意志，得了嚴重的憂鬱症，不出門也不吃東西，酗酒，數次因昏迷不醒而住進醫院，無法去練舞室，更無法照顧舞團和學校。

1973 年，就在大家都認為瑪莎・葛蘭姆已倒下，再也起不來的時候，瑪莎竟然向大家宣布，她要回到舞蹈世界，再接管學校和舞團，她努力戒了菸和酒，救了自己一命。*

瑪莎回到原來的崗位，八十多歲的人，每天忙著在舞團裡教舞、指導排練、改編老作品、創作新舞。雖然她總說：「我寧願只跳舞！」但她的

創作力更旺盛，在帶著舞團到世界各處巡演的同時，瑪莎又編了二十多支新舞。

九十歲以後，瑪莎也不在乎「年老」了，她說：「我認識一些人，十六歲時就很『老』，他們把什麼事都安排得很安全，所以可以平穩的走人生路，但他們的一生也就只能達到平凡的高度。我不一樣，不論在什麼年紀，我都願意接受生命給我的驚奇和挑戰！」

九十歲的瑪莎不再跳舞，但每場表演都出來

 舞蹈樂園

*《迷宮行》(*Errand into the Maze*, 1947) 來自希臘神話：米諾斯王因得罪了海神而受懲罰，可憐的王后生下一個牛頭人身怪獸，米諾斯王將怪獸關進巨大迷宮，但奉派進去殺怪獸的人，都因為迷路而被怪獸吃掉。

英雄泰瑟斯因為得到了公主阿麗亞德妮送給他的線團，找到正確的路，殺死怪獸，走出迷宮。

瑪莎用這支舞來探討人在生命中的迷失，該如何克服心裡的恐懼，面對難題。

後來每次瑪莎遇到害怕的事，她就會在心中暗暗的跳這支舞，感覺安慰。晚年她中風病危，恍惚中聽到醫生說：「那麼大的年紀，多半不會醒過來。」她心裡不斷的想著《迷宮行》中的每一步，終於走回這個世界，醒了過來。

謝幕，仍像女王那樣自信又神氣的站在舞臺中央，接受觀眾的掌聲。

瑪莎‧葛蘭姆是用她發明的新舞，來講述自己起起伏伏的人生故事。

她的舞，不論是描述二〇年代反抗世俗的人、三〇年代美國拓荒的先民，或是四〇、五〇年代希臘悲劇裡敢愛敢恨的女王，我們都可以看到一個為追求理想拚命，不向挫折屈服的女人。她一輩子跳舞與編舞，九十六歲時，還受西班牙政府邀請，為「哥倫布發現新大陸」的歷史編一支新舞。瑪莎是在她最熟悉的編舞工作中，步下生命舞臺。

● ☆ ● ✿ ● ☆ ●

瑪莎一向喜歡給學生們講她院裡那棵小樹的故事。

記得那棵小樹嗎？

瑪莎說：「……那條粗環鐵鍊正橫在小樹頭上！我不讓園丁拔掉它，但我也不相信它能長大。

日子一天天過去，我太忙，忘記了這事，等想起來時，竟看到那小樹頂著葉子朝著陽光長，樹幹一點一點把鐵鍊包在自己體內，並且繼續往上發芽，往外長葉。三十多年過去，鐵鍊穿過它的心，但是它也長成又粗又壯的大樹了。」

舞者也是這樣，不斷把身心受試煉的疤痕都包在身體裡，不停向上成長！

本書中的一些舞蹈名詞，需要在此稍做說明。瑪莎在她的自傳中，特別用「從來不」(never) 來強調兩件事：

1. 她從來不用「現代舞」(Modern Dance) 這個名詞稱呼自己的舞蹈創作，只用「當代舞」(Contemporary Dance)，譬如她創立的學校、舞團，名字為「瑪莎‧葛蘭姆當代舞蹈中心」。因為在英文中的「現代藝術」(Modern Art) 是 1920、30 年代的產物，瑪莎認為那是過時的東西，自己編的舞，雖然有美國早期拓荒者或古希臘神話等主題，但內容都是對人性的探討，與正在發生的世事人情有關，不該稱為 "Modern Dance"。

2. 她從來不用「瑪莎‧葛蘭姆技巧」(Martha Graham Technique) 這個詞。她認為她創出的動作，不是一般舞者傳授的「技巧」，而是運用肢體、愛肢體、給肢體自由的一種方法。而且是會變化的，是可以擴展的，是活的東西。

本來為尊重所撰寫的人物，應依照她的意思寫，所以遇到「瑪莎‧葛蘭姆技巧」時，我儘量以比較拗口的「瑪莎‧葛蘭姆式動作」代替，但「現代舞」這個名詞，實在運用太廣、太久，無法避免和修正了，只好不做什麼改變。

　　瑪莎・葛蘭姆，一生中得過許多「美國第一」、「世界之最」。

　　她是第一位得到美國藝文界「古根漢獎」的編舞家。第一位應邀在白宮表演的舞者，一共為七位美國總統表演過舞蹈。第一位獲得美國庶民最高榮譽「總統自由獎章」的舞者，也是第一位帶著美國舞蹈團體在國際間表演的「文化大使」。

　　瑪莎・葛蘭姆創出第一套全新的、有系統的，以呼吸為基礎的現代舞動作，一直在世界各地廣為流傳。她設立了美國第一個舞蹈學士學位於班寧頓學院。她創辦世界第一個招收不同種族和膚色學生的舞團，該團又是美國歷史最久的舞團，至今仍在紐約及全球各處表演。

　　她是美國最長壽最多產的編舞家，作品有一百八十多支。她以舞者身分在舞臺上表演的時間

也最長，約六十年。她教過的成名學生最多，如摩斯・康寧漢、保羅・泰勒等人，他們後來都出去自立門戶，創作不同風格的舞，教導自己的學生。如果把這些一代又一代學生的名字記下來，幾乎就是一本「美國現代舞蹈名人錄」。

瑪莎・葛蘭姆回憶她早年訪問印度時，曾去參觀聖雄甘地的墓園。

那花木扶疏的園裡，有一棵巨大的榕樹，特別搶眼。

大樹的鬚根由樹上垂下，碰到地面就鑽入土裡，再向上生長成第二代榕樹，第二代的鬚根又落地，再生出第三代、第四代……不斷繁衍，最後形成一片巨大的榕樹林。

在現代舞林中，瑪莎・葛蘭姆就是那棵最早的大榕樹，大家都稱她為「現代舞之母」，然而，

她不僅僅是成功的舞者／編舞家，她與 20 世紀初的音樂家、畫家，及各類藝術家們互相影響，激發創作，他們的努力，造成一股巨大力量，成為「現代藝術」的開端。

瑪莎・葛蘭姆 小檔案

1894 年　5 月 11 日出生在美國匹茲堡附近的小工業城「阿勒格尼」。

1908 年　葛蘭姆家搬到加州的聖塔芭芭拉市。

1911 年　看到露絲・聖丹尼斯的表演，決定自己也要終身表演跳舞。

1916 年　進入「丹尼翔舞藝學校」，隨泰德・翔學舞，認識音樂家霍斯特。

1923 年　參加「格林威治村歌舞團」，在紐約百老匯和美國其他各大城市演出。

1925 年　赴「伊士曼音樂學院」教學，開始尋找新的舞蹈動作和表演方式。

1926 年　創辦「瑪莎・葛蘭姆舞團」，在百老匯辦首次作品發表會，被認為是美國現代舞起步的里程碑。

1934 年　開始在「班寧頓學院」的暑期現代舞訓練班教舞。

1937 年　為羅斯福總統伉儷表演，是第一位應邀入白宮

表演的舞蹈家。

1938 年　艾力克‧霍金斯成為瑪莎舞團的第一位男團員。

1948 年　與艾力克‧霍金斯結婚。
　　　　創辦「瑪莎‧葛蘭姆當代舞蹈中心」，招收各國各族裔的舞者。

1954 年　率舞團在歐洲巡迴表演，成功的介紹美國式現代舞。

1955 年　由美國國務院支助，率領舞團訪問日本、印尼、緬甸、印度、伊朗、以色列等地，被尊稱為美國文化大使。

1970 年　最後一次以舞者身分在臺上表演，健康狀況極差。

1973 年　宣布復出，重新掌管舞團，繼續編舞及教舞。

1976 年　獲福特總統頒贈「總統自由獎章」，是美國國民可以獲得的最高榮譽。

1990 年　編完最後一支作品《楓葉拉格》。

1991 年　4 月 1 日，以九十六歲高齡在紐約逝世。

參考資料

書籍

- 《高處眼亮》／林懷民著
- 《不怕我和世界不一樣》／許芳宜口述；林蔭庭撰寫
- 《舞動世界的小腳丫》／林郁晶、邱怡文、趙綺芳著
- *Martha Graham Blood Memory*／Martha Graham 著
- *Martha Graham a Dancer's Life*／Russell Freedman 著

近代領航人物

生命教育首選讀物

養成良好品格，激發無限潛力，打造下一個領航人物！

你可以像自由鬥士 曼德拉 一樣找到自己的理想嗎？

你能像世界知名設計師 可可‧香奈兒 一樣隨時發揮創意嗎？

你想成為像搖滾巨星 約翰‧藍儂 一樣的萬人迷嗎？

讀完他們的故事，你也做得到！

◆ 近代人物，引領未來航線

◆ 橫跨領域，視野真正全面

◆ 精采後記，聚焦全書要點

◆ 彩色印刷，吸睛兼顧護眼

全系列共二十冊
邀你共賞！

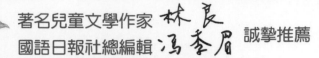

著名兒童文學作家 林良
國語日報社總編輯 馮季眉 誠摯推薦

一套充滿哲思、友情與想像的故事書
展現希望、驚奇與樂趣的
我的蟲蟲寶貝！

想知道

迷糊可愛的毛毛蟲小靜，為什麼迫不及待的想「長大」？

沉著冷靜的螳螂小刀，如何解救大家脫離「怪傢伙」的魔爪？

膽小害羞的竹節蟲阿比，意外在陌生城市踏出「蛻變」的第一步？

老是自怨自艾的糞金龜牛弟，竟搖身一變成為意氣風發的「聖甲蟲」？

熱情莽撞的蒼蠅依依，怎麼領略簡單寧靜的「慢活」哲學呢？

Let's Go!
隨著昆蟲朋友一同體驗生命中的奇特冒險
學習面對成長過程中的種種難題
成為人生舞臺上勇於嘗試、樂觀自信的主角！

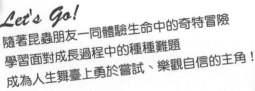

獻給孩子們的禮物

「世紀人物100」

訴說一百位中外人物的故事
是三民書局獻給孩子們最好的禮物！

◆ 不刻意美化、神化傳主，使「世紀人物」
   更易於親近。

◆ 嚴謹考證史實，傳遞最正確的資訊。

◆ 文字親切活潑，貼近孩子們的語言。

◆ 突破傳統的創作角度切入，讓孩子們認識
   不一樣的「世紀人物」。

三民網路書店　會員

獨享好康
大放送

書種最齊全
服務最迅速

通關密碼：A4975

憑通關密碼
登入就送100元e-coupon。
(使用方式請參閱三民網路書店之公告)

生日快樂
生日當月送購書禮金200元。
(使用方式請參閱三民網路書店之公告)

好康多多
購書享3%～6%紅利積點。
消費滿250元超商取書免運費。
電子報通知優惠及新書訊息。

超過百萬種繁、簡體書、外文書5折起　　三民網路書店 www.sanmin.com.tw

國家圖書館出版品預行編目資料

瑪莎‧葛蘭姆／張燕淳著;沈冰繪.－－初版一刷.－－
臺北市: 三民, 2014
　　面;　公分.－－(兒童文學叢書／近代領航人物)

　ISBN 978－957－14－5921－9　　(平裝)

　1. 葛蘭姆(Graham, Martha, 1894–1991) 2. 傳記
　3. 通俗作品

781.08　　　　　　　　　　　　　　　　103011173

© 　瑪莎‧葛蘭姆

著 作 人	張燕淳
繪　者	沈 冰
主　編	張燕風
企劃編輯	莊婷婷
責任編輯	蔡宜珍
美術設計	黃顯喬
發 行 人	劉振強
著作財產權人	三民書局股份有限公司
發 行 所	三民書局股份有限公司
	地址　臺北市復興北路386號
	電話　(02)25006600
	郵撥帳號　0009998-5
門 市 部	(復北店)臺北市復興北路386號
	(重南店)臺北市重慶南路一段61號
出版日期	初版一刷　2014年11月
編　號	S 782510

行政院新聞局登記證局版臺業字第○二○○號

有著作權‧不准侵害

ISBN　978-957-14-5921-9　　(平裝)

http://www.sanmin.com.tw　三民網路書店
※本書如有缺頁、破損或裝訂錯誤,請寄回本公司更換。